U0045133

如詩如畫的易經

讓易經幫我們寫詩

的易經

趙世晃——著

目錄

我學易近五十年，一直覺得易經是一部偉大的智慧符號學，就像數學的123，或英文的abc，是可以用來方便記錄心中的想法，甚至去運算它們，去作演進、重組、解構、比較、歸類的操作。

易經有六十四卦，分別是八卦的自乘8x8=64所得出的。而八卦的組成天、地、雷、水、山、風、火、澤的符號分別是由三次陰或陽爻所組成，如果由下而上用0與1代表陰與陽爻，則八卦的符號為天111，地000，雷100，水010，山001，風011，火101，澤110。把它們用作有意義的符號是五千年前的伏羲氏，再把六十四卦命名完整的是周文王，然後周公幫每個卦加上六個爻詞，孔子則作了十疏來解釋它們的象徵意義，像乾卦代表天道的自強不息，坤卦代表地道的厚德載物。

從簡單的01到複雜的智慧道德，易經一路走來也很坎坷，幾千年來多少賢德智者都想研究它，都想挖掘它的祕密，也多有論述心得。很多人學易把它當作問卜算命之術，有人拿來看風水，也有人當作人生的指引明燈。而我發現易經的內容結構與理解方法，很適合用來分析語意，也能幫忙重組語意，間接地可以幫忙寫詩。

詩作的功夫很多，但比喻、隱喻的使用是基本，而解易的工作正需要大量地比喻與隱喻（這在比卦的卦詞：原筮，就說明了筮卜的原理正是比卦的比喻、比

較、類比），如此一來，解易的練習幾乎等同於寫詩的練習。舉個例子，雷卦是好動的、加速的、熱情的，但在戰爭的情境則變成攻擊的，在文人的情境則是有波韻的，在人倫的情境則是天真的、幼稚的、啟蒙的，在心理學上則是躁急的、驚嚇的，在身體的情境則是足部的、低身的、年輕的。以此類推，易經的學習會因情境不同而產生不同語言意象，但彼此是相通的，可類比的。

易卦的符號間存在可運算的關係，譬如天卦111可以看成火卦101與水卦010的相加，意思是能控制水與火、兼有兩者的能量，就是最強的天，它可以化水為火，化火為水，變化光明與黑暗。又如天卦111也是雷卦100與風卦011的相加，意思是一個完整的天是沒有足的風與離不開地面的雷所組合，也是天的大能力兼有風的上升與雷的臨地，風的無形與雷的不定，風的退讓與雷的進取。因為兩卦的運算會產生其它的卦，或說兩卦相遇合變成新的一個，這是讓人非常興奮的一個發現。不同的卦就像不同的元素，它們彼此碰撞重組，最後像無數的化學反應，組成了這個化學世界。而更玄妙的是，反方向的運算也行得通，就是每個卦都可以拆成某兩個卦的組合，也就是一卦可以分生兩個卦，如此分生下去就變成無限的樹枝圖，很像我們的心用觀想自由飛翔，又像我們的寫作，讓筆隨意地揮灑。我私下練習這些卦意的運算已經有五年了，真是一趟很辛苦又豐收的歷程。

用詩來展現易經的卦意是個新的嘗試，再加上每卦一畫的幫忙，似乎更能說明一卦的底韻與多元涵意。模糊有時比精確更讓人勇於嘗試，更能化簡易經的學習。讀者也可以用此書當學易的入門書，因為先懂卦意，避開艱深的卦爻詞，在詩意與畫意中領略每卦的特性與隱喻，不失是另一種學易的手段。本書由六十四篇詩作組成，每卦一詩，外加一張相

片，來闡述該卦的含意。在詩句的末端會有一些括號與卦名，是在說明該句話是引用那些卦的意象，內含群運算的應用。讀者可能不解的部分我在註解處會加以說明，希望能幫忙大家對該詩畫的理解。

我特別在屯卦、蒙卦、需、訟卦加上了詩作導航，詳細說明詩作的心路歷程與卦的運算操作。對讀者理解詩作的細節與技巧有一定的幫助。但我也不在每卦都作導航，因爲讀詩要有一點模糊，要留下空間讓讀者自己抓住一些靈感才美。

應用易經的隱喻與運算，用來寫詩是我一直的夢想，如今小試身手，一了幾年來的心願，也向讀者展現我的理念構想，證明一種新的易經應用已經問世。希望此書可以拋磚引玉，志同道合者知道這個消息，也可以加入這種以易寫詩的研習，讓易經的光芒再一次照耀世界。

最後我希望大家都是自己人生的詩人，命運的畫家，把人生加入如詩如畫的元素，讓這個世界如詩如畫，美不勝收。

如詩如畫 的易經：讓易經幫我們寫詩

推薦序
1

易經好難，難得美美的。詩畫好美，美得飄飄的。作者用易寫詩，用詩畫讀易，好微妙的創意！

序曲，源自於法語「overture」，專指歌舞劇開幕前的演奏短曲。用詩與插畫來介紹易經，與序曲有著異曲同工之妙，是作文上的「開門見山法」，直接走進易經劇情。

用詩的詮釋，畫的意境，直接展現易經的魅力。平靜的文字下隱藏著巨大的智慧漩渦，易卦間的碰撞激起萬丈波濤，風捲雲湧，勾勒出內心深處昇華的情感，讓人久久不能平復。

坊間說易的書汗牛充棟，這是我看過唯一一本可以斷章取義的說易的書。任何一個角度切入細談，都能有不同的感受與面向，都會帶給自己會心的微笑。也許就是詩畫的特色，帶我們到一個唯心唯我的世界，沒有標準答案，只有與書的對話，與心的喃喃自語。

書中對卦意的說明言簡意賅，選圖的功夫也很精準，譬如隨掛用的插圖是人隊跟隨，註解說隨卦代表跟隨之心，人隨人，心隨心，行動跟隨誘因，是依次序的排列，前進而集中，用心模仿群聚的行動，建立倫理的關係，追隨讚美，追隨信仰，宗教裡的傳道與聚信。短短幾句說明，就帶出了易卦最大的意象捕捉與卦義了解，真是輕快的讀易法。

作者的易理藏著佛學，尤其是心經的「色不異空，空不異色；色即是空，空即是色。」我們都是菩薩眼中的舍利子，身處無空無色界的菩薩，慈悲為懷，為了救渡在三界十方受苦的我們，教我們要放空五蘊與覺知，穿梭色空，這和易卦中無明無晦（明夷），豐大即是遮蔽（豐），剝壞即是開啟（剝），矛盾即是真理（訟），無常也是有常（無妄），剎那即是永恆（恆），懷疑即是相信（中孚），愛是至柔也是至剛（坤），平凡也是不凡（大過），用缺即是知足（未濟），行遠也是求近（旅），告別即是歸依（歸妹），輪轉的世界正即是逆向（頤）……相類似。所以易理與佛法是相通的，菩薩說：「宇宙十方世界眾生的形體及環境只是假象，本性在如來藏（空無形體的靈），由如來藏之本性才能看到眾生的真實樣貌」，這與書中的蒙卦所說的蒙體是一致的。

心才是一切卦象的詮釋，養生即養心，命運即心的選擇，書中{選擇的履}：用的是十字路口的插圖，履卦代表的擇安之心，擇善而行，選擇自己的天命，走出人生的王道，代表一串可以打開鎖的密碼（命運即是一串選擇後的密碼），一組最精確的參數（智慧的參數），一種走出迷宮的路線。人生路上到處是虎口，履就是在虎口下的養生，在危險中找到安全的智慧。

是的，命運是選擇走出來的結果，研讀易經也是，心裡想出來的詮釋有千百種，選一種我們喜歡的，讓人生更多智慧，更多喜樂，就是正道。最後我以一首小詩回應作者：

如詩如畫 的易經：讓易經幫我們寫詩

昨日的我聰明

我想改變世界

今日的我智慧

正在改變自己

每個人的心裡都有

一束溫暖的陽光

照亮他人的同時

也沐浴自己

不要被忙碌淹沒

停止濁世的泅泳

心的前方或有霾霧

也許該用易經照路

用詩與畫簡化夢想

提醒自己不忘初衷

TutorABC 獨角獸創辦人

楊正大

推薦序 2

世晃兄

非常的精彩,恭喜新書。

這本書真的很好看,理性和感性,邏輯思維和詩意情深。這招用詩來解易,讓讀者的身心靈 融入平衡的忘我境界,導致不思善、不思惡、沒有分別心,才能真正實現無相布施的 unconditional love,我的明怡基金會要達成的社會回饋願景,同時我在花蓮能享天人合一的生活。趙博士用一個形容詞說一個卦,用六十四卦解說這個宇宙核心智慧,創意十足,令讀者大開眼界。尤其在這變化充滿未知的世代中,「她問我?」如何持續元亨利貞、樂天知命的過每一天呢?答案就是:趕快去買這本書,一口氣看完。

強力推薦!

明怡基金會創辦人
張明正

瞬間讀懂易經

您若問我：「易經在說什麼？一句話。」

我會回答：「易經在說交換與對稱。」

我的答案很簡單，您瞬間就會懂，所以我說您可以瞬間讀懂易經。

我們沒有理由讓周公再沉睡三千年，這部中華文化最古老、最醉人的經典，隱藏著宇宙人生巨大的智慧，或許是因為古文的簡約幽微，過去是一片「霧山迷海」，今天我們就用「交換與對稱」來喚醒它們，用六十四個淺顯的故事來擁抱它們，從此讓我們在易經的智慧裡「心易相通」。

易經講什麼交換、什麼對稱呢？講天與地、陰與陽、剛與柔、內與外、有與無、色與空、動與靜、分與合、信與疑、明與暗、水與火、出與入、是與非、吉與凶、……各式各樣的交換與對稱。

初學者很容易被易經的古文嚇著，我們不是被嚇大的，我們可以用現代化的翻譯，很簡單地點中它們的核心意義，教它們無所遁形。首先，我們要抓住「交換與對稱」這個心法，把六十四個卦變成一對一對，共有三十二對。每一對卦彼此相對稱，我們稱之相綜或相錯（把卦轉180度叫相綜，把陰陽交換叫相錯）。它們一對一對地在說什麼事呢？讓我很快地為您整理一次。

如下表所示，把六十四卦加以配對後，原本可以獨立產生意義的一卦，變成與它的配對卦互依互存，共同

經營起同一件意義。很像在鏡子內外的兩個相，一實一虛，彼此可以交換對稱，虛實都是同一件事，同一件物，同一個人，同一顆心。好比有一次我考了試，得了八十分，母親說：「好高！」父親說：「好低！」我說：「高或低，都是一種分數。」所以「分數」統合了「高低」兩件事。三十二對卦各有其統合的意理。

天、地：剛柔	屯、蒙：剛動智出	需、訟：力分	師、比：用群
小畜、履：取捨	泰、否：交換	同人、大有：同異	謙、豫：高低眾我
隨、蠱：順逆	臨、觀：出入	噬嗑、賁：真善美	剝、復：終始
無妄、大畜：無常	頤、大過：慧命	坎、離：斷續	咸、恆：短長

遯、大壯：退進	晉、明夷：明暗	家人、睽：分合	蹇、解：敵友
損、益：加減	夬、姤：滅生	萃、升：聚散	困、井：圍通
革、鼎：破立	震、艮：熱冷	漸、歸妹：嫁娶	豐旅：光明動靜
巽兌：入出	渙節：平衡	中孚小過：虛實	既濟未濟：圓缺

自「天」卦的至剛開始，對稱「地」卦的至柔。除了無限的極端，萬物一般都可在剛柔之間找到一個定位。「屯」卦開始了剛柔的交換，是「剛」開始在「柔」中行動，智慧在疑問中流動，卦義開始清除「蒙」蔽。「需」卦是相吸的力量，「訟」卦是相斥的力量，可是萬般的力量無法絕對相吸或相斥，萬有引力也不行，這是量子世界的信念，力只在相吸或相斥間存在。「師」卦教人如何用紀律練兵，「比」卦教人如何用外交結盟，這是人類利用群居的優勢戰勝異類的法則。「小畜」卦講機遇，與天機相遇，「履」卦講選擇，天的選擇，人的選擇加上天的選

擇，造就了我們今天的樣子。「泰」卦是至剛與至柔的交換，因為有了最大的交換，所以得到最大的通泰，反之就是「否」，所以易經的核心價值是「交換」。「同人」卦講大同，尋求最大的相同，讓世界擁有一個「共同心靈」；「大有」是很大的不同，百花齊放，萬紫千紅，而同異之間就是1與N的道理，N變成1是同人，1變成N是大有。「謙」卦講我低眾高，很辛苦，「豫」卦講我高眾低，很快樂，可是在這顛倒世界裡事情往往相反，快樂往往是因為心情的謙下，辛苦往往因為自視過高。

「隨」卦說順著誘因前進，用模仿保護自己，「蠱」卦說一關又一關地挑戰，止於至善，我們的心永遠在順逆之間移動。「臨」卦說在台上盡情演出，「觀」卦說在台下安靜觀想，每個人都有兩個世界，一個在台上，一個在台下，缺一不可。「噬嗑」卦用改錯治病的方法前進，「賁」卦用包裝文飾的方法增益美麗，直到返璞歸真，這是追求真善美的兩面手法。「剝」卦說有一種至善的到達，「復」卦說有一種歸零的開始，兩卦的終始循環把智慧化成一個沒有前後的圓。「無妄」說不要和未來講道理，「大畜」說要向過去學習，用最大的保險來應對最無常的風險。「頤」卦說有一種生命鏈，在養與被養間形成一個大圈，「大過」卦說有一種生命空前絕後，唯我獨尊。不論活在生命鏈中還是在自己的唯一，我們都在探索自己的慧命。「坎」卦說當「剛」與「剛」彼此交錯，像十字路口，互相切斷對方的路，我們要學習對方的困難，才能維持路口的通行；「離」卦說我們需要把文明分割，像細胞分裂，才能繁衍傳承，兩者在探討「斷」與「續」的互為因果。「咸」卦說感性發生在刹那間，「恆」卦說累積刹那才有永恆，所以時間的短長不過是真理經過微分與積分的不同面貌。

「遯」卦用後退來收割成果，「大壯」卦用正大前進，其實進退只是過程，和勝敗無關。「晉」卦用明來昭顯暗，「明夷」卦用暗來保護明，其實明暗是相依存的。「家人」卦用組合來美麗，「睽」卦用分辨來美麗，智慧就是分合同異的應用。「蹇」卦承擔困難，「解」卦解除怨恨，有人能愛他的敵人，有人會恨自己的朋友，心往往在難易間來回徘徊。「損」卦用減法修身，「益」卦用加法助人，德行在加減中累積。「夬」卦講除惡務盡，「姤」卦講溫柔共生，相滅相生，是柔在剛中的輪迴。「萃」卦講聚眾而結晶，「升」卦講升華而歸無，這是熱力學中秩序與混亂的循環。「困」卦用界線把自己圍困，「井」卦用通路把自己救出，界線與通路，都是生命的必需。

「革」卦講文明的破壞與改變，「鼎」卦講從許多的「也許、如果」建立文明，文明的演進正是由不停的破與立來推動。「震」卦講熱情共鳴，「艮」卦講冷默相安，宇宙就在熱冷之間運作。「漸」卦講物種演進、登陸過程中安定與冒險的循環，「歸妹」卦講公主出嫁時用割捨來行動，進化或退化如同人生的嫁娶，是一種磨合過程。「豐」卦講光明的擴大，「旅」卦講用安靜尋找光明，生命在每一種動靜中尋找其專屬的光明。「巽」卦講吞忍命運的挑戰，「兌」卦講給生命最大的輸出，生命像肺葉的呼吸一樣，不停地吞吐。「渙」卦用擴散時空來遠離痛苦，「節」卦用分割時空來渡過痛苦，而痛苦的對面就是快樂。「中孚」卦講信仰是虛的但可以致遠，「小過」卦講細節是實的，不宜好高騖遠，心智在虛實中尋找完美。「既濟」卦講圓滿，「未濟」卦講不足，心對每一件事都有兩種認知。

因為交換，所以對稱，因為對稱，所以交換，易經就是說這個。

如詩如畫 的易經：讓易經幫我們寫詩

淺談八卦的隱喻與養生智慧

易經是由八卦組成的，八卦分別是天、地、雷、水、山、風、火、澤，它的古字意分別是乾、坤、震、坎、艮、巽、離、兌。相傳五千年前伏羲氏所定下來的名稱，目的是創建一套符號來記錄心中的感想。他用三個陽爻1或陰爻0組成的八卦來代表萬物萬事的分類。

天是最剛健的，所以用三個陽爻111代表，地是最順服的，所以用三個陰爻000代表。當雷打到地面，代表天與地的初交，是天神的腳踏上了大地，所以用100代表。而河水流過了平原，切開了兩岸，形成了坎陷，就用010代表。而山是高高隆起的地，是地的高頂到了天，所以用001代表。相對的，風是沒有了腳的天，所以用011代表。火是讓眼睛看見世界的光，所以是讓心與世界相通的窗，就用101代表。最後，澤是層次分明的水，也是水下有諸多的生命，所以用110來代表。

八卦的名稱與意義定下來後，人類應該很高興，原來天地萬物是可以用符號分類的，於是八卦的延伸意義便開始演化。天是神與龍住的地方，所以天代表我們的主人，國王，領導，有大能力的人，英雄，強健的力量。地是供我們蓋房子、種植、旅行的大地，像母親一樣養育我們，像馬一樣順服溫柔，代表廣大的、柔順的、臣服的、眾生的。雷是閃電般的快、是春天的、新生的、開創的、積極的、熱情的、衝動的、加

速的。水是阻隔的、危險的、困難的、交錯的、居中的、像鳥一樣身體在中兩翅在外的。山是高的、靜止的、安定的、慢的、邊界的、最外圍的、減速的，像我們的角、屋頂、帽子、床、或是樹梢的果實。風是漂浮的、不安的、無形的、上升的、像樹木會長高的，也是陽對陰的接納，是組合的、歡迎的、加法的、容忍的、混亂的。火是光明的、相通的、同意的、美麗的、看得見的，相信的，對稱的，平衡的，調和的。澤是分開的、沉澱的、秩序的、密集的、減法的、釋放的、表達的、割捨的、選擇的。

利用八卦的類比，八卦幫助先古人類很大的忙，讓心智對事物的理解有了對稱性的分類，分類之後還有很簡明的符號幫忙記錄。把世界八卦化，智慧的進化就加速了，因為可以看出事物的同異，本身就是智慧，對養生很重要的智慧。分別老虎與小鹿的不同有生死存亡的重要性，化同火的光明與誠信的美麗，則能創建共榮的文明。分異與化同，正是智慧的根本，也是養生的必要。

天卦的養生智慧是強健的意志，是領導的智能，是把自己變強的想法，也是一隻龍練習飛天的努力。地卦的養生智慧是柔順的願意，是服務的心，是用愛把對方保護、養育、包容起來，是犧牲時的滿足，奉獻時的快樂。雷卦的養生智慧是精猛的前進，用熱情征服世界的冰冷，用新生換掉嚴冬的死亡，用勇氣打開嶄新的世界。水卦的養生智慧是垂直的管理，是居中的堅持，左右的猶疑，看到不清楚時的發問，在十字路口學習四通八達的交通，在危險旁邊建立最安全的城池。山卦的養生智慧是安定的靜止，是修身齊家治國平天下，是獨立於孤高，是認識自己的本分，是替萬物定下適當的名。風卦的養生智慧是容忍的彈性，輕鬆與逍遙，是散播與稀釋，是假想與升華，是向神的禱告，是擁抱與歡迎，是

如詩
如畫 的易經：讓易經幫我們寫詩

加法與幫助，是累積與靈感。火卦的養生智慧是將心比心，是靈通的心，是相信美麗，是平衡的對稱，是滿足與調和。澤卦的養生智慧是分開善惡，是選擇安全的路，是建立相隨的秩序，是密集後的精巧，是最快的果決，是演出與分享，是用減法來簡單。

把八卦記熟了，對學易經有很大的幫助。用養生來記住八卦，也是一種學易的方法。把心裝進八卦的能量，養生變得更有力氣！請讚美一下學會八卦的自己吧！

易經是一種符號系統，組成的元素主要有二，一陰一陽，我用0代表陰，用1代表陽，如此我可以把0與1放在一個群中，並且作群運算的規定如下：

**	0	1
0	0	1
1	1	0

代表卦與卦的碰撞。最需要注意的是11的結果是0，陽陽得陰，負負得正的意思。這也符合祖先的設計，因為易經的陰爻本來就是兩個分開的陽爻。

如此的運算用在八卦，會有如下的結果：

**	000地	001山	010水	011風	100雷	101火	110澤	111天
000地	000地	001山	010水	011風	100雷	101火	110澤	111天
001山	001山	000地	011風	010水	101火	100雷	111天	110澤
010水	010水	011風	000地	001山	110澤	111天	100雷	101火
011風	011風	010水	001山	000地	111天	110澤	101火	100雷
100雷	100雷	101火	110澤	111夾	000地	001山	010水	011風
101火	101火	100雷	111天	110澤	001山	000地	011風	010水
110澤	110澤	111天	100雷	101火	010水	011風	000地	001山
111天	111天	110澤	101火	100雷	011風	010水	001山	000地

這個結果是一個交換群的運算，也就是說A**B=B**A。如果把000地卦的特性拉出來，就是地卦與任何卦的碰撞後都不會改變：假設A為任何卦，則A**000（地）=A。還有，任何卦的自我碰撞也是地卦：即A**A=000地。摒除000地卦以外的組合，其實上表的64種運算結果可以簡約成7種組合：即111**100=011，簡記為（天、雷、風），

如詩如畫的易經：讓易經幫我們寫詩

111**101=010（天、火、水），111**110=001（天、澤、山），101**110=011（火、澤、風），100**010=110（雷、水、澤），100**001=101（雷、山、火），010**001=011（水、山、風）。是數學的組合問題，7*6/3*2*1=7。以此類推，用在64卦的碰撞運算，可以得到63*62/3*2*1=651個組合。

舉個例子，乾卦111111可以用復卦100000與姤卦011111來組成，也可用010000師卦與101111同人卦來組成，其它還有001000謙卦與110111履卦，000100豫卦與111011小畜卦，000010比卦與111101大有卦，000001剝卦與111110夬卦，110000臨卦與001111遯卦，…共31種組合。這31種組合，在易經上稱為相錯卦，每卦的爻都是陰陽相反。

相錯的兩卦的碰撞都是乾卦，這在卦意的解釋上是有道理可講的。如復卦100000講還原與休復，姤卦011111講相遇相合，兩卦的意涵產生極端的反差，講還原就不再遇合，遇合了就不再還原的反差。師卦010000與同人卦101111也相錯，師卦的聚眾作戰與同人卦的天下大同也是最大的反差。由此可知乾卦是一個講最大反差的卦，要有違抗的心志，不屈不撓，最後突破困境，飛龍在天。

以此理推演，經過兩卦碰撞而產生的新卦組成的651種組合，都有一種卦意的連結。或是反方向來說，每個卦都可分解成兩個不同卦的碰撞，都可一生二地產生3合1組合。舉個例子，臨卦110000與觀卦000011相撞得110011中孚卦，三卦合一的組合，在卦意上可以連結，譬如：台上的表演者與台下的觀眾產生了同心互動，心與心融合一片。又如剝卦000001與夬卦111110的相撞得乾111111卦，三卦的卦意可以連結成一句話：天道總是在最後的結束與最初的開始間合一，一次的剝壞可以啟動一萬次的夬始，一次的啟動同時開啟了一萬種剝壞。如此逐一練習，

如詩如畫的易經就開始展現在我們眼前。

這種練習對學易的幫助很大，因為運算本身是數理的，它不會錯，所以可以精確勾對我們對易卦的理解，如果解不出一個滿意的卦意連結，就代表我們的卦意理解有誤，如此可以修正我們平常自以為是的易卦心得。用運算來幫助卦意的精確性，也用運算來發現易卦的新境界，眞是令人驚艷的學易旅行。

我個人進行這種練習已經有五年了，才開始寫這本如詩如畫的易經，果然寫來得心應手，勢如破竹。我鼓勵讀者也要勇於嘗試，一邊可以精確學易，一邊可以作自己人生的詩人畫家，把生活加入如詩如畫的美麗。

如詩如畫 的易經：讓易經幫我們寫詩

六十四卦的大意

乾爲天 能量、力 量、剛強	坤爲地 虛無、時 空、柔順	水雷屯 天體 平 衡、迍邅	山水蒙 求疑問答	水天需 慾望、相 吸	天水訟 矛盾、相 斥	地水師 紀律練兵	水地比 外交結盟
風天小畜 機遇	天澤履 天擇	地天泰 交換	天地否 不交換	天火同人 大同	火天大有 大異	地山謙 無私公平	雷地豫 善獨知樂
澤雷隨 順行	山風蠱 逆爲	地澤臨 演出	風地觀 收看	火雷噬嗑 改錯	山火賁 包裝	山地剝 圓寂	地雷復 歸零
天雷無妄 無常	山天大畜 有爲	山雷頤 慧命	澤風大過 絕世	坎爲水 學習困難	離爲火 傳承繁衍	澤山咸 刹那	雷風恆 永恆
天山遯 退休收割	雷天大壯 正大進取	火地晉 明照暗	地火明夷 暗藏明	風火家人 合於明	火澤睽 分而明	水山蹇 承難	雷水解 解怨
山澤損 修己	風雷益 助人	澤天夬 滅絕	天風姤 共生	澤地萃 結晶	地風升 升華	澤水困 圍塞自絕	水風井 連通活路
澤火革 推翻、改 變	火風鼎 營建、治 理	震爲雷 共鳴共振	艮爲山 相安勿擾	風山漸 演進來自 磨合	雷澤歸妹 割捨求取 善終	雷火豐 光明而擴 大	火山旅 靜止而光 明
巽爲風 容忍命運	兌爲澤 輸出喜悅	風水渙 遠離傷心	水澤節 甘美分割	風澤中孚 信仰求遠	雷山小過 細節求近	水火既濟 滿足得到	火水未濟 滿足失去

抗逆的乾（111111）

她問我

什麼是抗逆

我輕答

生命在抗逆中茁壯

萬物抗逆剝壞

容易抗逆困難

成功抗逆失敗

訓練的汗抗逆屈辱的淚

絞盡腦汁抗逆不可能的任務

咬緊牙關抗逆敵人的恥笑

浴血奮戰抗逆天災人禍

抗逆是亂世的劍

盛世的筆

是早起的工人

熬夜的學生

是溯溪的鮭魚

竄逃的牛羚

是起義的劉邦

歸隱的張良

是不聽話的哥倫布

不怕死的哥白尼

如詩
如畫 的易經：讓易經幫我們寫詩

是智勇雙全的英雄們
也是有所不為的我們

註解：乾卦代表最剛強的本體，像一隻飛龍，藏有天神般的潛能，可以克服萬難的能量，可以抵抗邪惡的質量，叛逆與改變的本質，可以開創新局的壯志，不放棄的意志，不服輸的鬥志，有潛藏備己的本領，好學與飛高的天性，創新記錄的人格。

柔順的坤（000000）

她問我
什麼是柔順
我輕答
柔順是厚實的大地
萬物的家
眾生的起源與歸宿
是服從的心
也是合身的衣
是恭順的腰
也是勤快的腳
是疼惜的手
也是堅挺的背
是歲月靜靜的陪伴
也是夢想熱情唱和
是常用的工具箱
也是備用的日記
是勞苦的員工們
也是安佇的路燈
是深埋地下的根
也是捕捉陽光的葉
是忠實的相片

如詩如畫 的易經：讓易經幫我們寫詩

也是不離的手機
是休息的床
也是工作的桌
是生養我的萬物
也是回報萬物的我

坤卦代表願意之心，服務大我的柔順，像承載萬物的大地，像永恆時空
的虛懷，始終如空白箋的等待輸入，更像一匹馴馬的本質，富含溫柔天
性，任勞任怨、沒有意見與習氣，沒有條件的長久忠誠，認真侍奉主人
的心，又像隨時準備為子女犧牲的母愛。

盤旋的屯（100010）

她問我

什麼是盤旋

我輕答

萬物在動靜中盤旋（屯）

在阻力中前進（屯）

在向心與離心間抗衡（暌，訟）

銀河的原貌是

無數盤旋的天體（屯）

盤旋是服從的四季（師，節）

謙虛的心盤旋著確幸（謙，既濟）

簡單的心盤旋著相信（豫，隨）

血液在血管盤旋（屯）

而在傷口凝結（剝，益）

鳳盤旋在天（比）

而棲息在梧（復）

盤旋兼有（謙）

智者的蓄勢待發（夬）

與仁者的穩定持衡（恆）

勇者的開創改革（革）

與誠者的不離不棄（小過）

盤旋吧 天地萬物

神喜歡 眾生擁舞（屯）

＊・・・＊・・・＊・・・＊・・・＊・・・＊・・・＊

如詩
如畫 的易經：讓易經幫我們寫詩

詩作導航

屯卦動在險中，在阻力下的前進，是離心與向心的平衡，所以像天體，但是更貼進人生來論，像一切盤旋的組合。有一種凝體，可以流動，可以凝結不動，像血在血管中流動，在傷口處凝結。也像萬物都在動與靜之間盤旋。離心力與向心力相抗，是訟卦，而向與離的分別是睽卦，兩卦相撞也是屯卦，離向相抗呈現的就是盤旋的天體。當詩意受阻，可以用復卦100000，師卦010000，謙卦001000，豫卦000100，比卦000010，剝卦000001，來作碰撞，師節卦相撞得屯卦，所以三卦可以說成一句詩作，師卦講服從紀律，節卦講分節的如四季，所以說盤旋是服從的四季，歲月在四季中乖乖地盤旋，如此就是一種詩的隱喻。謙卦與既濟相撞後也是屯卦，既濟是一種知足與確幸，作成詩句就成謙虛是心常盤旋著確幸知足，也富有詩的發散式思考。豫是輕快簡單的行動，隨是跟隨相信，合成後就是簡單的心盤旋著相信，正是相信讓行動簡單，簡單的道理讓人容易相信。剝卦講剝壞與結束，益卦講幫助，合成後成了血流出傷口就有血小板來幫助凝結止血，所以讀者可以看到剝與益的能量相盤旋，如果要寫一句詩，如：剝壞的病人身邊總有盤旋的天使來幫忙，或是死神與天使在命運中盤旋。而比卦與復卦相撞正是屯卦，我用鳳翔九天而棲於梧桐來隱喻比卦的高高在上與復卦的休息在下。恆卦的久長與夬卦的爆發也相屯，可以略改盤旋的意象，換成智者與仁者的兼有特性，革過的改革與小過的糾纏也是如此成句。而盤旋像雙人舞者的相擁旋轉，是對這個宇宙最大的禮讚。

屯卦代表行難之心，在阻力下前進，預期著困難而前進，踩著煞車前進，或用螺旋的方式前進，像我們的血液，在凝結與流動間變換，像脂膏一樣的流體與凝體，充滿對抗的靜與動，像漩渦，像天體，用離心力與向心力取得平衡，像經緯，用相垂直的線管理疆土。

模糊的蒙（010001）

她問我

什麼是模糊

我輕答

真理的世界一片模糊（蒙）

如果妳懂量子

就會接受不看清楚更真（損）

模糊才是一切的真相（復）

求知的開始要與模糊戰鬥（師）

結束時則是服從（剝，師）

模糊製造無知的幸福（小畜，既濟）

自戀的人無知自己的無知（豫，未濟）

謙虛的心則日夜質疑自己（謙，蠱）

模糊是聖人的心（比）

用隱喻的詩逍遙未知若知（渙）

模糊的至境是無相收割（大過，豚）

看不見的宇宙

千萬倍於看見

看不見的美

也許也是（蒙）

※ ‧ ‧ ‧ ※ ‧ ‧ ‧ ※ ‧ ‧ ‧ ※ ‧ ‧ ‧ ※ ‧ ‧ ‧ ※ ‧ ‧ ‧ ※

詩作導航

如果水是有疑問的心，山是有答案的心，山水蒙卦就是一邊發問一邊找答案的心。問題的產生是發蒙，用答案解答問題是擊蒙，心就在兩者之間不斷徘徊。而蒙體正是這個世界的真實面貌，在量子世界更是。蒙是復卦與損卦的相撞，合成一句詩，就是看不清是還原後簡單的真相。而師卦是群鬥，剝卦是結束，而求知的過程是先與模糊戰鬥，最後服從它，因為長智慧後才知發現問題比答案更可貴。在小畜、既濟、蒙三合一的組成，發一點腦筋重組一番，可以有很多如詩的變化，擇一我們喜歡的，小畜是累積，模糊可以累積幸福，或幸福可以用累積的，更快的是用看不清楚。而在豫卦與未濟卦的相撞，因為豫卦的人比較自戀不謙，未濟也是一種不足的知，寫成詩句是自戀的人無知於自己的無知。而蠱講挑戰或質疑，與蒙卦很像，兩卦只差一個謙卦，相撞的詩句則是：謙虛的人日夜質疑自己，也就是不斷自謙自問來求進。比卦是以一統萬的聖人，也是寫詩的本質，用比喻隱喻來描寫萬物，渙卦則是詩的逍遙與散發，人能用詩心悠遊未知若知，則可超凡入聖。遯是收割也是隱藏，大過是最極至，所以得詩句：模糊的至境是無相收割。金剛經講無相，在易經則講模糊。而語意上的絕對詞是「就是」，相對詞是「也許是」。蒙卦沒有絕對是，只有也許是。

蒙卦代表問答之心，發生疑惑、包容疑惑、解決疑惑，像一顆童心，用不斷問與答的迴圈養心，偉大的問題勝過偉大的答案，扭曲的形狀勝過頑固的框架，用勇敢的疑問挖開虛偽蒙蔽的世界，同時適當的存疑，為人生留下蒙朧的美麗。

相需的需（111010）

她問我

什麼是相需

我輕答

人生臣服於各種需要（坤）

心喜歡挖掘需要（井）

用源源不絕的慾望復原自己（復）

總在知足與需要中作戰（既濟，師）

謙卑的需要是節約自己（謙，節）

像沙與水的緩緩相吸

展現吐納的美妙節韻（震，大過）

驕縱的需要是炸毀世界（豫，夬）

自私自利蠻橫貪得無饜

人生在需要中成長

需要的連結比天還大（比）

心在被需要中強大（泰）

愛也是

在相需中累積茁壯（小畜）

在無慾無求時（剝）

羽化登仙

※・・・※・・・※・・・※・・・※・・・※・・・※

如詩
如畫 的易經：讓易經幫我們寫詩

詩作導航

需卦上水下天，天也需要水，或說人性以食爲天，誰給酒食誰就是生命的天。需卦講相需要的萬物，也是慾望的總合，也是萬物相吸的萬有引力。天是需要人去臣服的，是坤卦。井與復卦相撞是需卦，三合一的詩句是：人挖掘需要（挖井），源源不絕（井）的慾望讓人不斷地（復）追求滿足，所以每天復原追求的樣子。既濟是知足，師是作戰，知足與需要像心中的一對敵人，天天在作戰。

謙節相撞也是需卦，合成詩句是：謙的需要是節約。吐納或來回的節韻是震卦，大過卦是美妙不凡的，震與大過的相撞也是需卦。豫卦是驕傲自戀的，夬卦是爆發的，相撞也是需卦，寫成詩句是：驕傲的需要會炸毀世界。所以需要讓人自私且貪得無饜，也讓人兼善天下。比卦講連結，泰卦講強大與勝利，所需要可以連結朋友結盟天下，也在被衆生需要中強大。需要和愛很近，都會相吸，愛在需要中累積，累積是小畜卦，而無求的愛是羽化登仙的愛，無求是剝卦，小畜與剝卦相撞也是需卦，代表愛的兩種層次。

需卦代表的相吸之心，是用慾求相吸引的世界，一種喜歡的力量，愛的
想法，像沙用水的吐納養生，像血用水的流動散播養分，生命因缺乏而
變強大，在飢渴中追求酒食的天性，民以食爲天的認知，萬有引力般的
關係，需要與被需要的總合。

如詩
如畫 的易經：讓易經幫我們寫詩

矛盾的訟（010111）

她問我
什麼是矛盾
我輕答
矛盾是心最原始的選擇（復，履）
譬如萬能
萬能的神能打敗自己也不能
譬如宇宙最大
是最大大還是更大大
討厭的矛盾是永冬的對立（否，師）
是每顆心尋找最大的不同（大有，既濟）
感謝矛盾
我們都共生在彼此的矛盾中（姤，謙）
逍遙的風與破風而行的箭（渙，豫）
在矛盾中展現各自的自由
矛盾是不自私的君王（比）
賜予萬物獨立的未來（未濟）
矛盾是自困的心（困）
也是脫困的自己
矛盾消滅矛盾（剝）
矛盾也聚集矛盾
人生充滿美麗的矛盾

是一串
既真又假的晶鑽（萃，蒙）

＊・・・＊・・・＊・・・＊・・・＊・・・＊・・・＊

詩作導航

訟卦上天下水，與需卦相綜，需卦講相吸相需或愛的力量，訟卦則講相斥相爭或恨的力量，或說是相矛盾的狀態。寫不出詩的時候，就先用復卦，是還原到最初的樣子，與訟卦相撞是履卦，履卦講選擇，原來如此，矛盾是心最原始的選擇，或說，選擇與還原是兩種矛盾的力。我的心的確藏著諸多矛盾，像萬能的神，最大的宇宙。再來用師卦，與訟卦相撞得否卦，否卦是永冬，沒有生意，所以矛盾是永冬的敵對關係，沒有解套的方法，也是戰爭的肇因。這時滿滿的靈感來了，原來矛盾很重要！萬物相異的大有卦與訟卦相撞是既濟卦，所以訟爭與矛盾是心尋找最大的不同，最滿足的富麗。繼續讚美矛盾！因為矛盾，相遇合的姤卦與兼愛的謙卦合成的訟卦得一詩句：因為彼此矛盾所以有了遇合共生的理由。渙卦是逍遙的風，豫卦是破風的箭，兩卦相撞也是訟卦，得詩句是矛盾中展現各自的自由。比卦是君王，與訟卦相撞得未濟卦，代表無窮的未來，得詩句是：不自私的君王給予萬物獨立未來，獨立是矛盾的產品。困卦與剝卦相撞也得訟，所以矛盾是心可以自困，也可以脫困。也是矛盾可以消滅（剝）矛盾，也可聚集（困）矛盾。蒙是看不清楚，萃是晶瑩剔透，兩者也相矛盾，反過來說，矛盾是又真又假的晶鑽，算是再度肯定矛盾的美。

訟卦代表的相斥之心，像互相矛盾的理論，一山不容二虎的對抗，形成
事物間的張力，讓彼此不膠著一團，類似相仇恨的心，相爭執的兩方，
一種鬥爭相斥的本質，讓事物無法重疊與並存於同一時空。

作戰的師（010000）

她問我

如何作戰

我輕答

生命是無數戰役的碩果（剝）

多數是眼睛看不見的（蒙）

維護生命最迫切的行動（復，臨）

是作戰

是迎接勝利的詭道（泰，明夷）

是祈求悲憤的公道（升，謙）

是百步穿楊的箭法（豫，解）

最高的兵法是不戰（坎）

千里帷幄化敵為友（比）

沒有戰事的作戰叫訓練

一生需要訓練三萬個日子

人生就是一場練兵的比賽（頤，蠱）

作戰的真義是訓練

訓練一匹馬變成一隻龍（同人，乾）

如詩
如畫 的易經：讓易經幫我們寫詩

師卦代表的作戰之心，是將帥的用兵之術，嚴厲的訓練，團隊以戰養生的認知，用唯一的紀律貫穿萬軍的治兵術，每個人都是自己命運的將帥，用兵法決定勝敗與生死存亡。

比盟的比（000010）

她問我
什麼是比盟
我輕答
比盟是交很多朋友
是一個太陽治理九顆行星（屯）
還原了天體的久安（復）
是一個交集的口號（坎）
消彌了百年的戰爭（師）
是一條洶湧的大江（蹇）
保護著萬千的臣民（謙）
是恆久高掛的北斗（萃）
指揮眾星徹夜圓舞（豫）
是顆觀想蒼生的心（觀）
可變換有無悠遊虛冥（剝）
它以一御萬（比）
是一條千變萬化的龍（乾，大有）
是一部貫通古今的易（比，坤）

比卦代表的親盟之心，用結盟來勝利，用口號來結合，用類比來成群，
用連結來互動，用交情來擴張，用交朋友來壯大，是人群的領導學，智
慧的符號學，是詩人用詩的隱喻對比感動千古人心的原力。

積與變的小畜（111011）

她問我

什麼是積與變

我輕答

最小的累積是最大（巽）

而最大的累積變消失（復）

雲是小水滴的累積（巽）

雲的累積最後下一場大雨（小畜）

還原了晴空萬里（復）

聰明的累積是智慧（巽）

智慧的累積是靈感（小畜）

發現自己不夠聰明的靈感（復）

宇宙就是這樣運作

量變然後質變

漸漸累積 突然改變

因為終將歸零（復）

所以無限伸展（巽）

仇人是家人的質變（師，家人）

自戀是卑微的質變（謙，中孚）

心得是經驗的質變（比，大畜）

放棄是追求的質變（剝，需）

人生不是積

就是變

如詩
如畫 的易經：讓易經幫我們寫詩

小畜卦代表的積變之心,積小而成大,積小突變而創新物種,積量變導至質變過程,也是見大而知小的智慧,是機率的世界,一種介於變與不變之間的轉換。智慧來自靈感,靈感是天使的下凡,更是心大量運算的成果。

選擇的履（110111）

她問我

命運如何選擇

我輕答

命運選擇我們（履）

我們也選擇命運

天選擇陰晴

地選擇高低

選與被選的矛盾（訟）

復原了命運的面目（復）

選擇是戰鬥也是天意

左邊生等同右邊死（師）

我決定時天也決定（無妄）

龍選擇繁忙（乾，謙）

魚選擇悠遊（豫，中孚）

請聰明的朋友幫忙選擇（比，睽）

也聰明選擇朋友（睽，比）

眞誠地和自己作朋友（兌）

選擇把心裝滿善意

善良不用選擇（剝）

如詩
如畫 的易經：讓易經幫我們寫詩

履卦代表的擇安之心，擇善而行，選擇自己的天命，走出人生的王道，代表一串可以打開鎖的密碼，一組最精確的參數，一種走出迷宮的路線。人生路上到處是虎口，履就是在虎口下的養生，在危險中找到安全的智慧。

繁忙的泰（111000）

她問我
如何生意繁忙
我輕答
繁忙的夏天會流汗（泰）
盛世是把嬰兒養大（復，升）
欣欣向榮的祕密在戰鬥（明夷，師）
熱鬧的海總有登門的河（謙，臨）
在容易處下手氣自然足（豫，大壯）
朋友多不怕需求太少太多（比，需）
放空偉大的過去（剝，大畜）
放眼滾滾的未來（逅，無妄）
因為繁忙的生意（泰）
老的特別快（泰）

如詩
如畫 的易經：讓易經幫我們寫詩

泰卦代表的交換之心，象徵旺盛的新陳代謝，必勝的格局，熱烈的生氣，熱絡的生意，我強敵弱的現實，實力強大加上時運順暢，健康的身體，美妙的勝局。必勝的養生，就是利多於弊的交換，就是大來小往。

否空的否（000111）

她問我

如何面對否空

我輕答

生命來自否空

也回歸於否空（復）

否空代表無窮的未來（無妄）

代表仇恨 還有戰爭（訟，師）

是生命最困難的嚴冬（否）

謙虛的孢子用冬眠（謙）

躲避否空（豚）

簡單的心用沉思冥想（觀）

渡過否空（豫）

神說

我在否空深眠中休息

春陽會在嫩芽中甦醒（晉，比）

是的

心總在否定後肯定（否，坤）

在放空後發現

在割捨後結晶（剝，萃）

如詩
如畫 的易經：讓易經幫我們寫詩

否卦代表的冬眠之心，用假死求生，面對生命的逆境，弱亡的自己面對
嚴冬般的環境，象徵被否定的困境，面對最惡劣的挑戰，黑暗與冰冷的
世界。植物在逆境中會形成孢子，可以冬眠千萬年再復生，這是延續生
命最強的設計。

求同的同人（101111）

她問我

人生如何求同

我輕答

求同是隱藏的存異（豚）

單一是還原的多元（復）

求同是統一的戰爭（師）

也是同意後的和平（同人，乾）

謙卑的心求同於眾生（謙）

無畏的心求同於無常（無妄）

成家的心與愛同行（家人，豫）

寫詩的心複製美麗（比，離）

而最高的認同是

改變自己（革）

放空天地（剝）

如詩 如畫 的易經：讓易經幫我們寫詩

同人卦代表的求同之心，是認同的努力，是遠離孤獨的養生，尋找同志同道，尋找萬物的共通性，尋找生死不變的法則，將求異的心丟開，尋找天人合一的體悟，和解且結束爭吵，統一且結束分化。

多元的大有（111101）

她問我

生命如何多元

我輕答

單一嚮往多元（鼎）

多元來自單一（復）

百花綻放的故事充滿爭議（師）

有人贊成只留最美（離）

有人堅持保留嬌弱（謙）

因為美麗需要對比（睽）

多元是自由（豫）

也是最簡單的富有（大畜）

多元是最強的統合（比）

易經說

盛世要一群龍（乾）

共治遠勝專制（群龍無首吉）

神也喜歡多元

因為多元繁華熱鬧（天佑大有）

不會有滅國的征伐（剝，大壯）

如詩
如畫 的易經：讓易經幫我們寫詩

大有卦代表的求異之心，是百花齊放的養生，代表多元的發展，豐富的
品類，大數的世界，分異的天性，異端的極限，沒有標準的比賽，胡思
亂想的總合，最大的集合，所有最大的集合的集合。

兼顧的謙（001000）

她問我

人生如何兼顧

我輕答

兼顧眾生的感受

要先還原自己的高度（復）

隱藏一個和神的約定（明夷）

服從謙需要升華我對妳錯（師，升）

學沉默的土地（坤）

養善惡的田（謙）

左右為難的時候（訟）

兼顧的空間總在角落（姤）

說明問題時

正常要兼顧異常（同人，無妄）

平均要兼顧誤差（謙，豫）

細節要兼顧大綱（漸，觀）

什麼都兼顧是危險的（比，蹇）

畫一道量力而為的線（剝）

有時候

遙冷相安可以兼顧自由成長（艮）

如詩
如畫 的易經：讓易經幫我們寫詩

謙卦代表的兼愛之心，是謙虛與公平的高度，以山的高度求地的廣度，謙是兼言，兼有左右上下，兼有你與我，求取平均值的過程，安住在事物的質點，用生命的高度服務眾生的未來，以高求低平的修爲。

輕快的豫（OOO1OO）

她問我

人生如何輕快

我輕答

輕快的心往往充滿歡笑（豫）

因爲它服從簡單的願意（坤）

輕快的還原不是笨重

是來回的輕快（復）

像浪花 像漣漪

像迴盪不停的歌（震）

輕快是一支離弦的箭（解）

可以解開陳年的仇怨（師）

輕快是奔向大海的河（謙）

每一滴水都互相問候（小過）

輕快有時是一種等候（恆）

等候笨重的相聚（萃）

等候愚蠢的離去（升）

等候主人的決定（比）

等候對手的錯誤（剝）

等候天機的乍現（夬，小畜）

輕快的妳只要

卽早準備好（夬，需）

卽早（夬）

如詩 如畫 的易經：讓易經幫我們寫詩

豫卦代表的輕快之心，在順境中的前進，不辛苦的策略，方便的行動，
可以產生誤差的，有時不公不義的，離開平均值的，偷跑的，自私歡樂
的，輕鬆簡便的前進。

跟隨的隨（100110）

她問我

人生如何跟隨

我輕答

人生要跟隨幸福

聚集散亂的日子

變成璀燦晶鑽的一生（萃）

還原一顆沒有雜質的心（復）

不要盲目跟隨

常和自己坦誠對話（兌）

聆聽心的微弱聲音

把心當作一生的導師（師）

是最重要的跟隨

更高的跟隨是

尋找一個神 一個理想（比）

和祂共鳴

震散明鏡上的塵埃（震）

謙卑的人跟隨命運（謙）

卻能勇敢改變自己（革）

驕傲的人跟隨自己（豫）

但路往往孤單盤旋（屯）

跟隨不外讚美

如詩如畫的易經：讓易經幫我們寫詩

讚美跟隨不凡（泰，大過）
但是不凡不比善良
因為善良不用跟隨
善良可以消滅無常（無妄）
是人性最後一道光（剝）

隨卦代表的跟隨之心，人隨人，心隨心，行動跟隨誘因，依次序的排
列，前進而集中，用心模仿群聚的行動，建立倫理的關係，追隨讚美，
追隨信仰，宗教裡的傳道與聚信。

挑戰的蠱（011001）

她問我

如何挑戰命運

我輕答

命運有一種謙卑與模糊（謙，蒙）

有時教人跟隨（隨）

有時不要屈服（乾）

挑戰命運是場無情的作戰（師，艮）

先要赤裸自己（復）

最後挖出潛力

是人生巨大的寶藏（大畜）

挑戰有時像一個逆子的違行（豫）

卻意外鞏立一座未來的廟堂（鼎）

命運是一陣風

風的主人容忍風的挑戰（比）

最終贏在最寬最鬆最柔（巽）

挑戰的結局超越跟隨（剝）

是人生最珍貴的傳承（升）

蠱卦代表的較量之心，參與相同的賽局，既挑戰又傳承，進行存亡的淘
汰賽，擺出擂台的盟主，先亂後治的過程，以升求止，以合求安，在戰
鬥中求全勝。

登臨的臨（110000）

她問我
如何登臨人生
我輕答
有一種發光發熱的人生（泰）
每天都是一場生死戰役（師）
卻能拋空自己（復）
君臨天下（臨）
四海匍匐（坤）
人生是一場私密的表演（明夷，升）
是一部讓世界謙卑的戲（謙）
輕輕地登台（豫）
讓觀眾窒息 然後涕零（歸妹）
最後歡呼 聲嘶力竭
痛快淋漓地表演吧 人生（歸妹）
僅有的一次（比）
卻能貫穿永恆的四季（節）
終將落幕（損，剝）
卻已星光燦爛 照耀千古（觀，中孚）

\ 如詩如畫 的易經：讓易經幫我們寫詩

臨卦代表的登台演出之心，盡情的出場表演，放空身心的靠近群眾，登
上講台來演講，占有舞台來釋出生命的光與熱，君臨天下的智慧，登陸
新大陸的實踐。

觀想的觀（000011）

她問我

什麼是觀想

我輕答

一種替生命迅速加值的能力（益）

而且可以無限次重複（復）

叫觀想

他指揮眾多的覺知作戰（師）

變成颶風襲捲整個世界（渙）

他也會安靜坐在人群（謙）

按步就班溫柔地自娛（漸）

偶爾他會頑皮（豫）

放空自己遐想不著邊際（否）

最神奇的是他連結虛冥（比）

變換有無 點石成金（泰，小畜）

甚至隨時消滅自己（剝）

他是五蘊的超光速旅行（咸，旅）

智慧永恆的知己（睽，兌）

如詩 如畫 的易經：讓易經幫我們寫詩

觀卦代表的靜觀之心，觀看眾生，遠觀而不近玩，安靜感受生命，冷靜觀察自己，觀賞各國的風情，觀察萬物的異同，一層一層觀著心中的觀世界，在賞析中擁抱美好。觀想的心是生命最珍貴的寶藏，用它可以點石成金，化無化有，我思故我在，沒有觀想，這個宇宙等同不存在。

修錯的噬嗑（100101）

她問我
人生如何修錯
我輕答
還原了錯不只是對（復）
是對的總和（晉）
對錯宣戰的結果（師）
是善惡分明的自己（暌）
也是一生的狹隘苛刻（噬嗑）
修錯的雙方都應謙卑
修錯的痛消失在認錯（謙）
修正的美則繁衍敬重（離）
要敬重眾生的錯（頤）
一如人類的偏差（豫）
不是故意 而是天意（無妄）
不是罪人 而是貴人（比）
而當人類修成正果時（剝）
我們會聽到對錯在合唱（震）
一首天使才會的歌

如詩
如畫 的易經：讓易經幫我們寫詩

噬嗑卦代表的修錯之心，像咀嚼食物的行動，碎裂食物成可以吸收的營養，斷案的過程逐一排除假設，醫生用它診斷病因，使用刑罰來校正偏差，篩選合適的物件，也是自我批判的勇氣。

美化的賁（101001）

她問我
如何美化人生
我輕答
美的還原還是美（復）
只是內涵外表相差遙遠（艮）
美需要時時戰鬥（師）
文明是一本美醜的戰史（大畜）
美有時是謙卑（謙）
藏在生命的每個角落（頤）
美有時是簡單（豫）
走在心心相映的日夜（離）
美有時是陪伴（比）
萬家燈火點亮一盞愛（家人）
美有時是結束（剝）
刻苦銘心深埋在夢裡（明夷）
如果要尋找大美（升）
則要捨棄細節或焦點（損）
作一個向虛偽進擊的巨人（大壯）
追求一句識語
地獄不空 人間不美（未濟）

如詩
如畫 的易經：讓易經幫我們寫詩

賁卦代表的美化之心，像一位畫家，幫美麗化妝，修邊輻，替事物加上包裝，像定形、定義一件事，說好一個故事，尋找美麗的最後境界。美化是文藝世界的軸心，而易經說美化的極致是簡單，是返璞歸眞。

碩果僅存的剝（000001）

她問我

如何碩果僅存

我輕答

每天的我們都是（復，頤）

碩果僅存

從宇宙的起點算

我們都從百億年戰到現在（師）

每一秒先滅後生始終蒙朧（蒙）

明白的是

海會比河慢乾（謙）

為難弱過相安（艮）

輕巧會比耀眼悠長（豫，晉）

養老的歲月要有伴（比）

靜觀的愛甜過蹦跑跳（觀）

就留一張照片一句話（剝）

碩果僅存就是用心

把整個世界載到現在（坤）

剝卦代表的終局之心，像一顆碩果留在樹枝上，呈現最後的樣貌。經過變老衰壞的每天，活到最後的時間，經過長久剝壞後的樣子，碩果僅存的現在，乘著時空的大車活到今天的種種，將近滅亡但還沒的，象徵事物最簡單的定義，故事最後的結局。

還原的復（100000）

她問我

如何還原自己

我輕答

還原的還原是肯定現在（復，復）

也是聽從自己的心（坤）

作一個什麼都願意的僕人（坤）

也作自己的君王（臨）

領導每天的戰鬥（師）

或者作一位謙卑的詩人（謙）

將美麗的世界藏在詩中（明夷）

唱愉悅的歌走簡單的路（豫）

在身與心的山谷間共鳴（震）

學習地球的自旋於永恆（屯）

人生是一場日月星辰

共襄盛舉的舞會（比）

爾後妳會發現

我們都是一顆灰塵（頤，剝）

如詩
如畫 的易經：讓易經幫我們寫詩

復卦代表的還原再生之心，像電影中的金剛狼，受傷後總能最快地復原、還原，比喻事物再生的能力。復有時需要放棄改變的成果，才能回到最初的狀態，也是用休復來找回精神氣力。而進階的復是不容易改變的本質，像慣性，像航空母艦一樣不易被一顆子彈打傷的本質，而復卦的極端發展是危險的，是一種上癮般的迷戀之心。

無畏的無妄（100111）

她問我

如何無畏於未來

我輕答

無常的未來猛於虎（否）

害怕是虎

還原無畏則是貓（復）

履天命要求偉大的割捨（履）

斬除無常要眾多的經常（師）

謙卑的海兼納吉凶的河（謙）

善同的風吹著浪花如雲（同人）

吹著花粉和歡笑的漣漪（豫）

菩薩說

善良是一顆無畏的心（益）

苦難則是意外的朋友（噬，比）

作一位追隨信仰的勇士（隨）

無常的煙火終將消失在

一聲讚美（剝）

無妄卦代表的無畏與平常心，像一個賭神，面對無常的命運，不可預測的未來，無法猜對的亂數，難解的天意，無法測量的神祕能量，總能合理地應付下注，作好風險管理。沒有道理的事，也能感受到很有道理的智慧。沒有偏差心與過度期待，勇於向無常未來的前進，隱藏著金剛無畏無妄的平常心。

富可敵國的大畜（111001）

她問我

如何富可敵國

我輕答

離開蠱惑與輕狂（蠱）

洗淨不自惜的心（復）

替理想畫幅藍圖（賁）

每天都準備戰鬥（師）

在支離破碎中簡單（損）

爲蒼生的貧困承擔（謙）

輕輕繞過繁華雜音（大有）

奔馳在時間的前頭（豫）

沐浴在創意靈感的大海（小畜）

馴化敵意成終身的莫逆（比）

替衆生廣開交易的通路（泰）

站上雲端收割無遠弗屆（剝

大畜卦代表的積富之心，馴化萬物而大富，大量的貯存資源、金錢、人脈、通路、人才，挖掘考古的世界，搜尋記憶裡的寶藏，貯藏在過去的財富，把時間停在自己的口袋，把時間像小龍養在自己的家裡，像養賢一樣讓它長大後變成一生取之不盡的財富。

大養之頤（100001）

她問我

生命如何大養

我輕答

生命是不斷失去的黃昏（剝）

也是不停回復的清晨（復）

充滿最複雜的爭議（師）

還有最簡單的講理（損）

都是施與受的學習（師，損）

下沉的丹田是氣足（謙）

平滑的肌膚是美麗（賁）

歡樂的笑聲是自由（豫）

潔白的牙齒是健康（噬）

感恩的心中是幸運（益）

遠方的友誼是奇蹟（比）

但要大養

還要汲取靈界的井泉（小畜，井）

積德勝積財地升華愛（升，大畜）

豐富多元恆常的地球（大有，恆）

保護它甚於我們的家（蹇，家人）

從天空到大海（巽）

從鯨鯊到珊瑚（巽）

全是我們唯一摯愛的家（需）

如詩如畫 的易經：讓易經幫我們寫詩

頤卦是個大圓，代表大養之心，把養生的範圍極大化，包括食養鏈的循環、生態圈，經過一次顛倒而首尾相接的大圓，象徵一種不滅的慧命，是包括生命相養大大小小的圓圈，與所有圓集合成的最大圓空，一種輪轉不止的靈慧生命。

不凡的大過（011110）

她問我

什麼是不凡

我輕答

當果決的號角響起（夬）

在敵人煙滅的瞬間

霸王已經酣睡入夢（復）

昨夜一夫斬殺萬馬（師）

唯恐驚擾一隻綿羊（咸）

守困一生不值一笑（困）

蒼生在肩家國在腰（謙）

粗茶談笑珠璣閒聊（豫）

開山闢路萬井庶饒（井）

結義俗聖千古頌謠（比，恆）

生逢絕世江山多嬌（逅）

死慟山河詩歌如濤（剝）

君臨天下換代改朝（臨，革）

升華文明聚實我族（升，萃）

細算天機超維思考（小過，坎）

大觀古今立言一方（觀，鼎）

大養聖賢飛龍在天（頤，乾）

或許不凡

天災人禍救民水火（否，蠱）

盛世太平婦弱有隨（泰，隨）

大難當前奮勇解苦（蹇，解）

富貴在握無捨平常（大畜，無妄）

知足在心願捨至珍（既濟，歸妹）

抱缺守戒溫柔知禮（未濟，漸）

氣韻天成有求必應（震，需）

相安寡言有爭必讓（艮，訟）

博學多聞快樂助人（大有，益）

善與人同簡約樸素（同人，損）

必定不凡

大過卦代表的不凡之心，空前絕後，唯我獨尊，極端的追求，大大的超
過，絕對的冒險，創造金氏記錄的養生，締造史詩般可歌可泣的故事。

如詩
如畫 的易經：讓易經幫我們寫詩

交錯的坎（010010）

她問我
心如何交錯
我輕答

生命在關節處分合（節）
旅程在路口處轉折（節）
為了維護更強的周全（復）
人生需要危險與戰鬥（師）
用來製造安全與盟友（比）
兼納百川是海的謙下（謙）
遍地開花是井的驕傲（井）
守困的心洋溢著歡笑（困，豫）
簡易的心穿梭著憂患（豫，困）
親比的心壓抑著厭惡（比，師）
逍遙的心輕撫著剝亡（渙，剝）
否定的心堅持著完美（否，未濟）
肯定的心溫暖著冰寒（泰，既濟）
溫柔的心傳承了戰鬥（漸，蠱）
割愛的心跟隨了讚美（歸，隨）
感性的心守護了恆常（咸，恆）
理性的心發掘了剎那（恆，咸）

心如此交錯著心
垂直思考
水乳交融

坎卦代表的交錯之心，像在垂直交叉的十字路口找到四通八達的方法，
多維的思考，升維的行動，乘法的運算，刀劍的交鋒，不滿與悔恨的交
織，重重的困難，四通八達或糾結的十字哲學，水乳交溶的智慧。

相映的離（101101）

她問我
心與心如何相映
我輕答

在深情旅行的相望中（旅）
妳會找到最美的自己（復）
一如陣前對峙的將帥（師）
為彼此千軍萬馬嘆息（大有）
用謙卑的汗把自戀洗淨（謙）
愛不惜割捨自己的多餘（噬）
把愛變成一匹白色飛馬（豫）
再大天空只畫一朵夢想（賁）
當你們比肩看著遠方（比）
驚異著命運更像對方（同人）
頑強邊界消失的同時（剝）
更輝煌的未來已誕生（豐）

離卦代表的相映之心，也是自我複製的生命力，生命的不朽源自細胞的
分裂繁殖，有性生殖的前題先成雙相對，都是由1變2的學問，是2的乘
冪，乘冪的養生是生命對抗死亡最快的繁衍。世界也可以複製，鏡裡鏡
外的兩個世界，對稱再對稱，生生不息的氣數，兩個眼睛的視覺，心心
相映的離，把我們的世界變得生氣盎然，美侖美煥。

如詩如畫 的易經：讓易經幫我們寫詩

感性的咸（001110）

她問我，

什麼是感性，

我輕答，

是在改變的瞬間（革）

依舊沒變的自己（復）

是在服從的同時（師）

嚮往不凡的靈魂（大過）

是替最謙的當下（謙）

聚集最密的悲歡（萃）

是一首歌的輕揚（豫）

用一條河去圍繞（蹇）

心在對比之海串連（比）

也在眉間琢磨計較（小過）

在訊息消失的剎那（剝）

也能收割感動滿載（豚）

咸卦代表的感性之心，感覺剎那，發現微分後的世界，尋找事物的變化率，梯度，像含有變數的公式，需要生命作最短暫時段的觀察。

❋ ‧ ‧ ‧ ❋ ‧ ‧ ‧ ❋ ‧ ‧ ‧ ❋ ‧ ‧ ‧ ❋ ‧ ‧ ‧ ❋ ‧ ‧ ‧ ❋ ‧ ‧ ‧ ❋

如詩如畫 的易經：讓易經幫我們寫詩

詩作導航

什麼是感性？植物有感性嗎？石頭有感性嗎？數學有感性嗎？感性是很難界定的。我認為萬物都有感性，就是感知變化與反應變化的靈敏度。葉子的向光性就是它的感性，石頭的往下滾就是它對重力的感性。閃電也有感性，是陽極與陰極電之間的感性。風也有感性，氣壓差與漩渦的吸力就是。感性在數學中叫微分，探討量的變化率或梯度，譬如距離的微分是速度，速度的微分是加速度。當我們關心變化率時，我們用微分去記錄它們，用感性去覺察它們。易經說，感性在靈活的拇指，在小腿的腓肉，在股關節的核心肌群，在心的注意力上，在胸的性感上，在臉上的表情與舌上的味蕾。感性對養生太重要了，所以下周文王把它排在下經的第一卦。

有養生者問我，感性是愈多愈靈敏愈好嗎？我答，不是。感性的發生是要作功的，所以會用掉生命的能量，設計時也會用掉大量的神經傳導硬軟體。為了維持感性的存在，生命作了重大的投資，我們的心也常為了擁有它忙到心力交瘁。我們的聽覺只聽到幾萬赫以內的聲音，眼睛也只看到紅到紫的光譜，是節約的設計，夠用就好，而非愈多愈靈敏愈好。

也有養生者問我，感性會生病嗎？我答：會的。聽不到叫聾子，看不到叫瞎子，對別人的好意不覺察叫呆子，對智慧無感叫傻子，而對沒有的事幻聽幻視叫瘋子。感性太弱或太強，視而不見，無中生有，都是病。

也有養生者問，感覺痛苦是什麼回事，沒有感性會更快樂嗎？我答：痛苦也是感性，對生命的保全很重要，也很容易生病。麻風病人的痛感消失，結果受傷常不自知，重度糖尿病人也是。適當的痛覺可以保護生命，過多的痛覺會讓人發瘋，所以我們發明了麻醉術，還有很多的止痛藥，可以減低人類對痛覺的恐懼。所以痛感是兩面刃，一邊幫助生命避開危險，一邊讓生命苦海無邊。

永恆的恆（011100）

她問我

永恆是什麼

我輕答

是還原自己（復）

也是勇敢進擊（大壯）

是貫穿歲月（師）

也是環繞現在（小過）

是匍匐過去（謙）

也是放開未來（解）

是悠遊於誤差（豫）

也是自我升華（升）

是平凡的友誼（比）

也是孤芳自賞（大過）

是末世的剝壞（剝）

也是盛世胸懷（鼎）

如詩如畫 的易經：讓易經幫我們寫詩

恆卦代表的守恆之心，用來累積長久，探討積分後的世界，尋找可長可久的性質，是含有常數的公式，注重事物經常的樣子，不容易改變的道理，代表很慢的節奏，很長的觀察，像事物的慣性、理性。

學習了咸卦的微觀與恆卦的巨觀，或說感性與理性、應變性與不變性的生命，生命的觀念似乎更周全了。咸與恆是相依相對的，用剎那的尺度看世界，世界是永恆的，用永恆的尺度看世界，世界是剎那的。所以生命往往活在有限尺度的咸與恆之間。人生若能求快得快，求慢得慢，細微處美不勝收，長遠處浩瀚恢弘，有交響樂的激昂澎湃，有星空的天長地久，這樣的人生該多麼的如詩如畫！

退藏收割的遯（OO1111）

她問我
如何豐收人生
我輕答
卽使回到原點一無所有（復）
豐收只需認同這個世界（同人）
或者選一個安靜的角落（遘）
用惜緣的心來避開戰鬥（師）
習慣站在眾生的山下（謙）
向嚴冬的山頂說不（否）
輕快的心不再留戀繁華（豫）
記得緣盡時婉約的放手（漸）
載著友誼共旅秋收的路（比，旅）
沒有敏銳的感傷（剝，咸）
只有感恩的最後（咸，剝）

如詩
如畫 的易經：讓易經幫我們寫詩

遯卦代表的退藏之心，也是豐收者獲利的保證，一種往後的收割成果，代表退休的生活，隱形的人生，躲在沒人注意的地方，也是輕功的練習，匿蹤的技能。可以避開危險，見好就收，是預防失敗的布局，更是嘉美的計算，預期豐收的卓見，它們的重要性不用多重複。易經說遯的功夫從遯尾、黃革、係遯、好遯、嘉遯到肥遯，層層進階，讓人恍然大悟，原來退比進更難。雖說人生難逃一死，但是死也阻擋不了肥遯者的豐收，養生者該有所領悟！

進取的大壯（111100）

她問我

人生如何進取

我輕答

長高是向上的進取

駝背打直是英挺的進取

創業從政是功名的進取

變強變壯是生命的進取（豫，泰）

人生的大壯是正氣

正氣彌滿天地（復，恆）

保護著弱勢（剝，大有）

激勵著善良

盤旋著不凡（屯，大過）

進取有時很火爆

變成澆不熄的征伐（豐，師）

要拒絕恃強凌弱

抑強助弱才是王者的進取（比，夬）

而智者的進取是相安互敬（睽，艮）

虛偽的進取是貪婪（賁，未濟）

糊塗的進取是抄襲（蒙，離）

最難的進取是化易（明夷，解）

化繁為簡

化難為易

大壯卦代表的進取之心，像個正氣凜然的征服者，剛進柔退，用力前進，以強勝弱，以正勝邪，壯如超人，總是能再生復原的長久作戰，最大的用壯是用最容易的方法勝利。

歷史上的大帝國征服了廣大的土地與人民，締建了不朽的盛世，是大壯的實現。如果戰爭是免不了的，最好不是五胡亂華那種混亂的戰禍，是像大唐或羅馬帝國那種統一長久的帝國才好。所以大壯是帝王的雄心壯志，小可以養正氣，大可以建帝國，想作英雄的人就要學大壯，大壯的兵法，大壯的威力，像超人一樣讓萬眾信服的大壯。大壯當然不是一個人的武功，而是武力加智慧，把征服人心變成很容易的智慧。易經說貞吉，就是充滿正氣金剛不壞的團隊，喪羊於易，就是簡單成功的智慧。大壯不是「羝羊觸藩」，像一些很笨的國家領袖，在人民心中散播好戰的想法，挑起不必要的戰爭，讓生靈塗炭。

如詩
如畫 的易經：讓易經幫我們寫詩

求知的晉（000101）

她問我

人生如何求知

我輕答

知的世界充滿扭曲

求知要勇於發問

解開蒙蔽與扭曲（解，蒙）

要學牙齒的咀嚼（噬嗑）

篩穀成米

破邪留正（復）

求知是心空虛的渴望

也是永不饜足的作戰（未濟，師）

是謙卑者驚艷的行旅（謙，旅）

求知的到達不是答案

或冰冷的定義（剝）

而是心的自由

歡暢的也許（豫）

或者只是一種比喻的能力（比）

統領著不安分的否定（否）

求知無法消滅無知（明夷）

只能發現更多無知（離）

晉卦代表求名求知的心，像個藝人，用明，追求名氣名望，日正當中，想盡辦法讓人看到知道，像巨星的養成，潮流的形成，也是媒體的總合，讓人追逐叫好的宣傳法。

晉卦的結構是火在上，地在下，用火的光明照亮地的黑暗，也用地的眾順強化了火的光度，所以是火與地兩者的相生相助。晉世界流動著兩個元素，一是名，一是知，知造就了名，名引導了知。相對的，無知就無名，無名就無知。我們每天看電視新聞就是求知，我們上了節目說話就是成名。晉世界充斥我們每天的生活，從無明到用明，從無知到眾知。

深藏的明夷（101000）

她問我

人生如何深藏

我輕答

深藏是用黑暗保護光明（明夷）

是隱私需要絕對的無知

深藏是兵法必勝的詭道（師，泰）

也是對致命弱點的修復（謙，復）

星空深藏在白天（豐）

真理深藏在尋常（豫）

天命深藏在偶遇（履，姤）

王道深藏在滿意（比，既濟）

佛法深藏在萬相（剝，賁）

愛不要深藏（需）

那是對人生最大的為難（坎）

也不要深藏恨（訟）

它會長成一條惡龍（乾）

要深藏神的約定（中孚）

作一個溫柔的天使（巽）

深藏在善良的故事中（益）

像地窖中的醇酒

在歲月中芬芳（漸）

深藏在美的心中（歸妹）
像一首詩
睡著永恆（恆）

如詩
如畫 的易經：讓易經幫我們寫詩

明夷卦代表的深藏與守祕之心，像個情報員，用晦，藏明於地下，製造祕密，讓普眾無知，保護眞相，是僞裝的行動，另一方面也是超越常識的眞知，不爲人知的眞相世界。

易經說，人生充滿不明不晦的現實，眞假只是程度不同的晉與明夷。群眾是無知的，心也是無知的。群眾的無知造就了文明與政治的現實，心的無知造就了一生的成長學習。我們都活在半明半晦之中，也用半明半晦來引導人生。不要期待世界會用眞相擁抱我們，也不要氣餒心用騙術誤導自己。一如太陽會登天也會入地，用平常心面對不明不晦的人生，人生更能快樂悠遊於明晦之間。

相惜的家人（101011）

她問我

人生如何相惜

我輕答

家人在相惜中結合

在爭吵中分開

美麗也是

相惜是美麗的結盟（比，賁）

相惜轉化了一千個自己（漸）

又復原了一萬個美麗（復）

相惜充滿反復的溫柔

累積的遵從（小畜，師）

擴散的敬重（渙，謙）

家人在相惜中

跨過你我的藩籬（同人）

先陪伴著散步

又目送著遠離（豫）

愛在相惜中圓滿（既濟，剝）

但圓滿的愛

不一定是真愛

真愛或許是

不圓滿更相惜（未濟，家人）

家人卦代表的木相惜與組合之心，像個作家，珍惜每個美麗的故事，組
合成美麗的篇章，向完美的方向升華。像個企業家，建立分工合作的模
型，每個專家的養成，整個化合物的世界，經過組合產生的智慧，用智
慧改良的組合，都是家人，也是修練齊家治國的道場。

分別的睽（110101）

她問我

什麼是分別心

我輕答

分別的心帶來覺知（咸）

也帶來歧視與對立（小畜）

對立的心建立二元宇宙（兌）

在陰陽是非中遨翔（觀）

飛出永動的青春（未濟，復）

飛出敬重與廣博（謙，大有）

飛出輕快與簡約（豫，損）

分別是智慧的元祖

也是拋棄家人的獨夫（家人，大過）

是發現微星的哈伯

卻無力幽默緊抱刻薄（蒙，大壯）

是解題的愛迪生（解）

卻糊塗於頤養生活（頤）

斤斤計較一生

卻白痴於通天大富（小過，大畜）

命運串連著分別（比，履）

當心不再分別

終能無相歸一（剝，歸妹）

如詩
如畫 的易經：讓易經幫我們寫詩

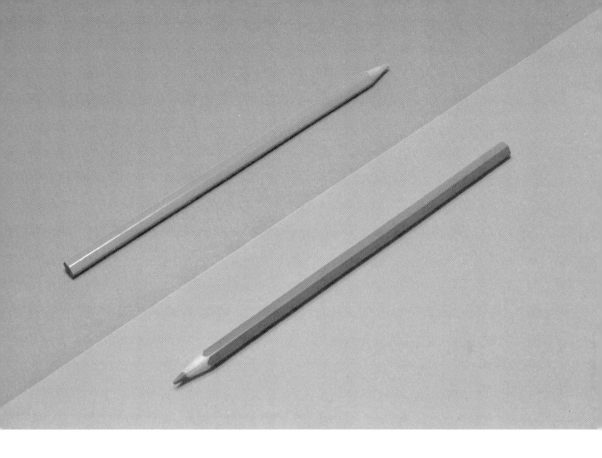

　　睽卦代表的分別之心，用分求明，因為分開所以聰明，二元相對的智慧，像愛因斯坦的相對論，時空的標準要和光速作對比，用相對的想法理解宇宙的美麗。是正反合的學問，由1分2再由2合1的運算過程，因為發現不同所以美麗，追求分辨不同的能力，永不止息的二分法。

圍護的蹇（001010）

她問我

什麼是圍護

我輕答

護城河圍著城堡（水山蹇）

天險以凶防惡（坎，升）

有時一孔之疏（井）

會通來一命嗚呼（師）

生命需要層層的圍牆

生活要貼緊濤濤的河（需，臨）

天險替人間站崗（坎，升）

兇煞為慈悲護航（噬，同人）

盔甲護著柔弱（蹇，坤）

虛名護著豐厚（晉，豚）

隱藏護著野心（明夷，屯）

拒絕護著一路順風（否，旅）

節約護著盈餘（節，泰）

休息護著神閒氣足（復，既濟）

公平護著友誼（謙，比）

信心護著民安國富（中孚，大畜）

一生需要一萬種保護

地球是唯一的家（頤，家）

如詩如畫 的易經：讓易經幫我們寫詩

過去他圍護我們
現在我們圍護他

　　蹇卦代表的圍護之心，用護城河的觀念養生，在困難邊找到安全，在大
河邊安住下來，在困難的近處活出文明，用困難集結朋友，用阻隔來保
護安全，用盾的技巧，用護城河來保護城邦，建立防護網來安居樂業的
智慧。

解開的解（010100）

她問我

什麼是解開

我輕答

解開心的桎梏

尤其是怨恨

清靜無塵才是

心最美的歸宿（復，歸妹）

原諒是神的箭法

而仇恨是魔的隼

藏在靈魂的高處

讓嘴舌盡說壞話

射隼的弓是謙卑的腰（謙）

而箭只是一聲口哨（豫）

愉悅的箭飛得最遠（師）

謙卑的弓彎得最久（恆）

神說天堂只是

有愛的人間（比）

想大富人生（大畜）

先解開貪婪（未濟）

再解開懷疑

挖開勇者殿堂（中孚，無妄）

如詩
如畫 的易經：讓易經幫我們寫詩

解開羞愧

挖開正氣凜然（明夷，大壯）

解開固執

挖開溫柔相惜（乾，家人）

解開假相

挖開萬里晴空（蒙，晉）

解開春的百花（大有，賁）

夏的千市（泰，豐）

秋的萬禾（豚，巽）

冬的無為（否，渙）

然後簡單（損）

然後飛翔（升）

解卦代表的解開與破解之心，像個神射手，精準地瞄與射，解開困難，解開怨怒，拆解頑固的組合，分解成更小的元素，並且不斷提升諒解的高度。

易經說，解是有高度的，從最低的不怪罪開始，到專射地面上亂跑的小狐，到上車或下車的負且乘，到解而拇，到維有解，最後到最高的射隼於高墉之上，一層比一層高。解卦與蹇卦相綜，蹇卦講阻擋與保護的高牆或護城河，解卦則講百發百中的箭法。一守一攻，一擋一解，各有殊勝。原以為解怨在養生中是一種寬容心，是靜態與被動的行為，可是易經說解是神技，是百發百中的箭法，從這個認知上，我的解怨觀立刻充滿了戰鬥的意志。

*如詩**如畫* 的易經：讓易經幫我們寫詩

簡化的損（110001）

她問我

如何簡化人生

我輕答

文明的骨子是簡化（大有，小過）

反復的問 至簡的答（復，蒙）

生死不停交戰

求一律千年輪轉（師，頤）

辛苦持同廣施（謙）

用一幣流通萬市（大畜）

睽分天下利弊（睽）

用一易取代萬計（豫）

結盟或雜或同（比）

用一信勝過萬謀（中孚）

人生是一場化簡的表演（臨）

心在化空時得道（剝）

在剝光後得眞（復）

在忘己後得善（歸妹，晉）

在升華後得美（賁，升）

痛苦的簡化是遺忘（渙）

快樂的簡化是分享（井）

勝利的簡化是相安（艮）

占領的簡化是欣賞（旅）
矛盾的簡化是自然（隨）
命運的簡化是陪伴（萃）
困難的簡化是幫忙（益）
而最省力的簡化是（節）
閉上雙眼靜靜地想（觀）

如詩如畫 的易經：讓易經幫我們寫詩

損卦代表的簡化之心，是老子在道德經講述的養生法，用減速又割捨尋找簡約之道，爲道日損的生活觀，在減法中找到歸零，分享中得到止境，是返璞歸眞，淨慮而無我，無家而得天下。

易經說，在修損卦時，要不斷用減法，第一步是讓心從自己的身上轉移到別人的身上，少一點自己，多一點對方。第二步是開發自然界與人無爭的資源，練習分享心。第三步是簡化人與人的關係，以2爲尊，專心在彼此的相對。第四步是針對自己的疾害惡習作損的功夫，太多太少的毛病都要減去。第五步是化損爲益的心。給人更多的空間，更長的時間，給人更大的舞台，更多的耐心，用簡約製造無限的時空給人間。第六步是損私益公，無我而得天下，以天下爲家，服務眾生的願意心。

幫忙的益（100011）

他問我

人生如何幫忙

我輕答

幫忙帶來感恩（益）

感恩帶來幫忙

感恩的觀想（觀）

打開了天使的眼（復）

愛的實踐是幫忙

天下一家的愛（家人）

要用謙卑幫忙（謙）

爲國捐軀的勇（師）

用同袍之義（中孚）

尊重反對自由（豫）

要用開放的心（無妄）

幫忙萬家燈火（比）

需大養環保的心（頤）

寂寞要知音幫忙（兌）

害怕要共鳴（震）

絕望要美夢（賁）

幫忙太多適得其反

沃土助長懈怠（巽）

如詩 如畫 的易經：讓易經幫我們寫詩

溺愛助長敗壞（渙）
力量助長霸道（大壯）
仔細助長蒙昧（蒙）
聰明助長愁苦（困）
小心地幫忙
恰當地助長
人生成敗
繫於幫忙

益卦代表的幫助之心，學習螞蟻分工合作的養生，是加法的養生，幫助與服務別人，用雷的熱情與風的寬大來幫忙，用加速與合作來擴大人生的格局，製造善良與感恩，用祈禱與感謝來連結神的世界。

啟動的夬（111110）

他問我
什麼是啟動
我輕答
宇宙啟動於一場大爆炸
大約130億年前
生命需要快速啟動
啟動白血球的護主（歸妹，蹇）
啟動陽光的爭奪（蠱，無妄）
啟動繁殖的青春期（離，渙）
啟動斷捨離（豚，損）
生命用啟動展現不凡（復，大過）
一道曙光啟動萬物甦醒（咸，臨）
一個按鈕啟動世界核戰（夬）
一個費洛蒙啟動一片森林
一張晶片納入億兆位元（萃，泰）
競速的世界既快又密（夬）
用瞬息萬變來勝敵（革，師）
用精密壓縮來設計
啟動的高手口令簡決（比）
力大卻精巧（大壯）
是最小的板機保險（剝）

如詩
如畫 的易經：讓易經幫我們寫詩

控制最大的毀滅（乾）
最快不用一目十行
最快的心要會說不（否）
向歷史的巨人說不（大畜）

夬卦代表的啟動之心，像莧陸草的養生，總是用最快的速度占滿有陽光的空隙，明快決斷，像號角一樣的動員機制，像最精巧的機關按鈕，用最快啟動或停止的設計來取勝。夬是時間的最短與空間的最密集，也是最接近乾卦的陽剛力。

夬卦的結構一陰在五陽之上，如何用一陰號令五陽呢？這個一陰一定要受五陽的愛戴，一定要精密連結著五陽，一定要成為五陽的公平裁判，一定能提升五陽的性能，一定能促成五陽的進化。善用一陰御五陽的夬，就是養生的絕世高手。

遇合的逅（011111）

她問我

什麼是遇合

我輕答

從浪漫的邂逅

到毀滅的慧星撞地球

都是遇合

是美麗的緣起（復）

也是命運不再回頭（乾）

一場病毒與宿主的遇合

從感染到共生（師，豚）

先遇後合

人生不再孤獨

先矛盾後共榮（訟，謙）

先相忍後伴行（巽，豫）

英雄豪傑也遇合

先陌路後摯友（比）

先共赴盛宴

後共創太平（鼎）

沒有英雄的時代

人生註定遺憾（剝，大過）

不要遺憾

如詩
如畫 的易經：讓易經幫我們寫詩

要勇於嚮往
嚮往穿過悠悠歲月
用心相遇
用夢相合

遘卦代表的遇合之心，像病毒與宿主寄生或共生的關係，代表柔對剛最緩慢的征服。剛柔從相遇到結合，機緣的碰撞，不知不覺形成的共命體。一種可活在彼此的空隙間的關係，也是人類與被馴化動植物的依存遘是相遇、碰撞、結合，一切相連相合的力量之總稱，病毒與宿主的共生有億萬年了，動物與植物的共生也是，文明史也是一場共生的歷史，每個人都是寄生者也是宿主，我們與眾生彼此依存，共生共榮。只是寄生的故事每人不同，有人相愛，有人相殘。有一種結合很重要，往往被我們遺忘，就是與神的結合，與天地的結合，與善能量的結合。有人覺得人生很孤單，常常自己一個人活著，而忘記其實神始終與人共生著。我認為人生最重要的結合是與神與善的結合，活在神的心中，也讓神活在我們的心中，所謂「神我」的共生。

聚集的萃（000110）

她問我

人生如何聚集

我輕答

晶鑽是碳元素的聚集

城市是百業的聚集

人生在歲月中流淌

卻在記憶與夢中結晶

聚集從雜亂開始（乃亂乃萃）

到晶瑩剔透結束（萃有位）

恨的聚集是製造困境（困）

愛的聚集是征服困境（大壯）

夢的相聚是美麗成真（晉）

自由的相聚是結盟（比）

歡樂的相聚是友誼（豫）

敗壞的相聚是病亡（剝）

與天使相聚可以還原善良（復）

與謙虛相聚可以覺醒幸福（咸）

節奏相聚是歌曲（節）

獨奏相聚是交響曲（兌）

英雄相聚是盛世（鼎）

而至美相聚是自然（賁）

至善相聚是天下一家（家人）
人生要聚集美好
美好生聚美好（離）

萃卦代表的聚集之心，也是結晶之心，一種最純一的結合，像金剛鑽一樣，聚合眾多變成單一，產生最佳的秩序與排列，變成晶瑩剔透的過程，是犧牲自我的自由完成大我的化一。

升華的升（011000）

她問我
人生如何升華
我輕答
夢想是思考的升華（巽，觀）
天堂是人間的升華（頤）
虛是實的升華（中孚）
革命的升華是對談（革，兌）
知識的升華是創新（晉，鼎）
表演的升華是自娛（臨，明夷）
升華不難
身陷泥淖時
不忘仰望天空
遠離塵囂
坎坷悲傷時
不忘輕撫星月（恆）
自由逍遙（豫）
升華不必翅膀
一步一階地登爬（萃）
登峰用腳更不凡（大過）
理性的困境用感性升華（困，咸）
糾結的怨恨用原諒升華（小過，解）

不要爲難
即將離去的愛
要祝福（歸妹）
祝福是爲他
打開神的殿堂
是愛的升華

升卦代表的升華之心，像階梯一樣的設計，可以讓人踏實，又可以讓人升空，以實求虛，向虛空的前進，在眞實的世界擁抱假想的世界，向亂度最大的方向發展，追求最大的自由度，最後是冥升，代表往生後的歸無。

封閉的困（010110）

她問我
什麼是封閉
我輕答
人間封閉在地表
心臟封閉在胸膛
封閉是永恆的保護（恆，蹇）
但不要封閉心
要袒裎心同眾生對談（復，兌）
有人封閉人生成倉庫
堆積仇恨（師，萃）
有人封閉了公平
荼毒百姓（謙，大過）
有人封閉了自由
為難彼此（豫，坎）
有人封閉了異議（訟）
讓多元凋零（剝）
封閉是兩面刃
封閉於自足是正氣（既濟，大壯）
封閉於自明是快意（明夷，夬）
封閉於自愛是養生（豐，需）
封閉於自信是求道（中孚，噬嗑）

至於自憐自大自擾（困）

自弱自私自毀的封閉

是困於心魔（困，觀）

如詩如畫 的易經：讓易經幫我們寫詩

困卦是兩面刃，代表的卦閉的自困之心，也是知困守困的確幸之心，要學一顆樹的處困之道，把受限在根莖的人生化成幸福的自覺，像人類受困在地球又快樂活在地球。自困歹心將苦難縮困在一個小點，封閉相通的路口，是人生的困難。研究心的用困，動靜的相困，快慢的相困，縮小雜亂的元素不讓它流竄，像數學上的交換群，是困的大用，守困在被遺忘的世外桃源，也是人生一樂。

其實萬物皆困，如何說？因為萬物有它的界定，它的定義，讓萬物安住在界定內，像一幅美麗的圖畫，是何等地美妙。易經與心經略同，內藏二元觀，愈壞就是愈好，沒有例外，困卦也是。一枝小樹會說它被困在陽光中嗎？一個小孩會說他被困在母親的懷抱中嗎？人類活在地球的地表十公里的厚度範圍，不也受困在有水有空氣的地表嗎？所以看似受困的萬物，其實也享受著他們被保護安住的範圍內。數學上的「運算群」也是困於卦，本書就是把64卦用群運算的方法，困在一個如詩如畫的世界。困卦是萬物的定義，萬物的家園，萬物的天地。

開通的井（011010）

她問我
什麼是開通
我輕答
挖深可以開通一口井
人生的用功往往
先挖深後通高（井）
用井看世界
世界無閉不通
萬物在相養中互通（復，需）
卽使作戰
也通著一條鴻溝（師，蹇）
十字路口的車流化阻爲通（坎，謙）
超越了關稅是貿易自由通（大過，豫）
水的世界五湖四海相連通
開通之旅從井泉江海到雲
雲世界的水分享無邊無界
分享的心是開通的天空
開通的心要常疏浚（恆，萃）
封閉的霾塞井的泥
分享身邊的愛
讓善心泉湧（旣濟，臨）

如詩
如畫 的易經：讓易經幫我們寫詩

分享夢想的愛
讓人生浪漫（小過，觀）
分享遠方的愛
讓人生如畫（中孚，賁）
開通有時很簡單
就是輕輕脫下
心的帷幕（勿幕元吉）

井卦代表的通困之心，像挖通一口好井可以供一村子的人分享水源，比
喻找到不同世界間的通路，找到一個水循環的世界，像一技之長可以供
養我們一生的事物。造一口井的心意是美好的，創造流通的泉與井水，
養生需要相通的窗口，無遠弗屆的管道。

除舊的革（101110）

她問我

什麼是除舊

我輕答

歲月的原貌是

不停除舊之旅（復）

除舊開啟迎新（夬）

除舊也消滅迎新

人生是一場新舊的戰鬥（師）

除舊的心跟隨慈悲（隨，謙）

有時玩弄完美（豫，既濟）

有時殘忍自戀（豐）

是改朝換代的烽火連天（比）

最終是天下的化同（剝，同人）

要勇於除舊

它是君王身邊的狼虎（臨，大過）

也是詩人心中不熄的燈火（觀，離）

不朽的祕密藏在除舊（頤，豚）

青春的細節在卽時除舊（屯，小過）

除舊其實不難

沐浴更衣

如廁排毒

如詩如畫 的易經：讓易經幫我們寫詩

破涕爲笑
上床睡覺

革卦代表的改革之心，像一隻雲豹的輕快，比雲還輕，比閃電還快，隨時可以快速應變改變，養生需要改變的智慧，破舊與啟新，在老舊的智慧裡作集合與整理的工作。

周公把改革的本質用六個爻詞說明，先用鞏固，再用慢慢準備，再用再三討論修正，然後與神相通，用相信神來改人的命運，然後用虎變的威勢，最後用豹變的輕快。人生常常面臨需要改變的情境，多了這六招神功的加持，應該更能得心應手。

創新的鼎（011101）

她問我

什麼是創新

我輕答

神喜歡創新

不複製單一

創新製造多元（大有，復）

擁抱奇異

創新往返於定律與叛逆（師，旅）

創新生於不滿（未濟）

用虛心茁壯（謙）

創新始於偏差（豫）

終於無敵（蠱）

創新是與天使遇合（比，逅）

也是輕輕剝開頑固（剝，恆）

創新有時來自抄襲（離，臨）

一樣的葡萄

不一樣的醇酒

創新是作夢的英雄（大過，觀）

是感動的舌尖

化成浪漫的筆（咸，渙）

是秉燭夜談

化成西廂紅樓（兌，家人）
是今天的靈感
明天的艷陽（升，晉）
創新不難
善用加法（益）
來者不拒
尚貴求高
起床卽早（夬）

鼎卦的創新之心，像一口鼎可以烹
飪文明，把火的美麗高高升起，代
表文明的創新與建設，創造美麗與
信心的高度。象徵用不穩的假設推
出美麗的結論，用合成的方法煮出
一鍋美味，是若a則b的總合，也
是每件事的SOP，也是從草莽到文
明的過程。

尼古拉・特斯拉，由拿破崙·薩洛尼攝
於19世紀90年代

共鳴的震（100100）

她問我
什麼是共鳴
我輕答
一種聲音來回於萬籟
叫共鳴
漣漪波動於湖面
心情震盪於憂喜
歌聲相和於節韻
都會產生共鳴
萬物共鳴萬物
只要調準了波韻
互擊的劍共鳴於相惜（師，歸妹）
搖擺的秤共鳴於誇大（謙，豐）
來回的球共鳴於持續（豫，復）
招展的旗共鳴於追隨（比，隨）
咀嚼的牙共鳴於粉碎（剝，噬）
共鳴生於相同的波韻
而消失於相異
溫柔共鳴溫柔
粗暴共鳴粗暴
只是共鳴可以升華

如詩
如畫 的易經：讓易經幫我們寫詩

升華的共鳴是

驚慌害怕（大過）

讓人緊緊擁抱（需）

地動山搖（否）

讓人感恩善良（益）

飢渴窮困（未濟）

讓人簡單樸實（損）

共鳴很容易

先聆聽

再唱和

震卦代表的共鳴之心，感受我們的心在波韻中的共振，我們發出生命的波韻，也接收萬物傳來的波韻，不同的情緒在心中來回的震動，愛或恨、驚或喜，都會產生波韻，會像水波的漣漪向四周傳播，美麗的波韻與醜陋的波韻，都在上上下下的運動，互相攻擊或愛撫。這個世界充滿無法平息的波韻，充滿反彈與共鳴的波韻，在震動中的生命感受著彼此熱情的反射。

如詩如畫的易經：讓易經幫我們寫詩

相安的艮（001001）

她問我
什麼是相安
我輕答
相安的雙方
捨棄了交集
互相隔離
用很遠的距離
還有安靜
萬物相安於自己（復）
反復界定的自己（賁）
相安反對戰爭（師）
但支持各種擂臺（蠱）
相安不需要謙卑（謙）
但敬重彼此界線（剝）
相安不喜歡吵鬧（豫）
但喜歡遙遙欣賞（旅）
不喜歡呼朋引伴（比）
但熱愛各別發展（漸）
相安是神仙的日常
各蓋自己的廟
安自己的香爐

生活的相安是本分（艮其身）

百業的相安是高牆（巽，坎）

政治的相安是獨立（艮其背）

信仰的相安是尊重（隨，同人）

物種的相安是純種（敦艮）

因爲相安

所以絕緣（艮其限）

因爲寧靜（艮其輔）

所以致遠

艮卦的相安之心，像星空中的眾星，用安靜培養厚實，老死不相往來，彼此絕緣，象徵防疫隔離的狀態，各安其位，無爲而治，劃下彼此的界線，沒有交集的關係，沒有共鳴的世界，安靜活在自己的界限之內。

轉化的漸（OO1011）

她問我
什麼是轉化
我輕答
轉化藏在歲月的每天
是生命最慢的茁壯
轉化中的世界
安全與冒險對話（兌）
演化出多元繁華（大有）
化學世界從單一轉化億兆（復）
原理是不停地結合重組（家人）
轉化服從溫柔（師）
用鬆慢來戰鬥（巽）
心也轉化
在觀想中登高望遠（觀，謙）
在行動時籌劃撤退（豚，豫）
在集結前不動聲色（比，艮）
在破繭前蟄伏冬眠（剝，蹇）
命運也轉化
化成天使是原諒（姤，解）
化成決絕是計較（夬，睽）
愛把隔離化成知音（需，艮，中孚）

善良點亮黑暗（益，明夷）
勤勞化易艱難（乾）
轉化
先轉身後變化
大地輕輕轉身
日月星辰變化

漸卦的轉化之心，像鴻鳥從海洋登陸的演化過程，循序漸進，按步就班
地前進，慢慢地演化，安定爲了冒險，冒險爲了安定，萬物都在時間長
河中轉化、蛻變、成長、說故事。

擇歸的歸妹（110100）

她問我

人生如何擇歸

我輕答

女人常問

要嫁給誰好

男人常問

要擇什麼事業好

人生的轉折在擇歸

告別一成不變（解，復）

奔向幸福的未來

轉化累積變化

按步就班（漸）

擇歸結束變化

果決勇敢（歸妹）

擇一後的心迅猛如豹

不再來回震盪（師，震）

擇歸功名則損天倫（晉，損）

擇歸智慧則剝凡俗（睽，剝）

人生擇善要固執（益，訟）

長征之途始於彎身曲股（大壯，謙）

一飛沖天須先起身告別（豫，臨）

天作之合始於淘心閒談（比，兌）

擇歸的人生道別迷糊（蒙，噬）

擇歸不難

Line一個人

告一次別

猜一個拳

卜一個卦

如風拂塵

如詩如畫的易經：讓易經幫我們寫詩

歸妹卦代表擇歸的心，也是告別後的祝福之心，像投手在丟球，總是用盡全身的力氣幫球加速，然後放手讓球飛向捕手，象徵用割捨前進，在放開時加速的生活。嫁妹妹也是，丟開過去前進未來，大聲說出心中的祝福，將美好遠遠散播出去。

歸妹可以散播愛，修歸妹是要花力氣的，有時一生只有少少幾次散播的機會。若不能慎選散播的方式，散播的環境，散播的對象，要圓滿成功的機會很低。所以散播的智慧要慎選而動（先澤後雷），精準投資，節約而動，自然能成一家之言，開宗創派，一生桃李滿天下。

誇大的豐（101100）

她問我

什麼是誇大

我輕答

誇大的光想要比宇宙大

誇大的心想要比自己大

誇大是宇宙的方向

也是心的茁壯

放大了萬物的細節（豐，復，小過）

我們不斷翻新它的原貌

所以放大與縮小互為手段

誇大的心不愛割捨自己

喜歡遮蔽（明夷）

艷陽遮蔽了星空而竊喜（豐其蔀）

盛名遮蔽了良知而得意（豫）

所以誇大的屋院（豐其屋）

遮蔽了家的親情（蔀其家）

誇大其實是遮蔽

集體的誇大是獨裁（比，革）

要時常抑制誇大（剝）

找回心心相映的百花（離）

誇大的心行騙天下（明夷，豫）

包括自己
謙虛可以治療誇大（謙，震）
而誇大抹去卑微
誇大的眞是假
誇大的好是壞
誇大扭曲了萬物（蒙，大有）
愼用誇大
還原人生

　豐卦代表誇大與擴張之心，像一束光，在光明中用光速前進，永不止息，像火的蔓延炎燒，可以翻山越嶺，人們喜歡把形象名聲變更大，自信的人喜歡自我膨脹，人性喜歡廣宣自己、盲目別人。

行遠的旅（001101）

她問我

人生如何行遠

我輕答

人生行遠於歲月

心行遠於富麗（離）

行遠不必用腳或翅膀

用心即可

行遠的身要離家（復）

但行遠的心

以天下爲家（晉）

以蒼生爲家人（謙）

行遠不能蓋廟堂（師，鼎）

但星空爲頂

萬山爲柱

沃野爲床

美景爲窗

濯江海而臥茂林

盞夕陽而幕雲靄

攬山城而醉幽泉

嘯春風而歌萬籟

眠古勝而夢先賢

如詩
如畫 的易經：讓易經幫我們寫詩

何憾之有
行遠可以臨博（臨，大有）
可以觀永恆（觀，恆）
豐收友誼（豚，比）
但不要貪遠而忘近
至微的行遠（剝）
要用放大的鏡（豐）
在細節中悠遊（小過）
更大的世界（頤）
更多的驚喜
原來行遠
也是求近

旅卦的行遠之心，我們用它來捕捉時空中的美麗，時空是人生的畫布，
心用靜觀美，用慢發現美麗，用安定的心瀏覽人生的細流，用聚焦的心
作時空中旅行，我們喜歡把心停在美麗，安住在真理的光輝之下，在走
馬看花中找到心的依歸。

如詩
如畫 的易經：讓易經幫我們寫詩

放鬆的巽（011011）

她問我
如何放鬆
我輕答
無窮的時空
教我們要放鬆
放鬆的身心是
靈界的到達（復，小畜）
鬆柔的人生
可以千變萬化於訓練（師，漸）
可以伸縮自如於天地（謙，渙）
可以委屈求全於命運（豫，逅）
可以串連敵我於戰鬥（比，蠱）
可以通天遁地於剝境（剝，井）
鬆柔的心是
風中的樹梢
樹梢的風
是孃姆炊煙
輕嘆的韻尾
是恍惚餘夢
微醉的蘭亭
是幽默自嘲

浪漫的隨緣
放鬆不難
先退後等
多聽少言
只守不攻
健忘放空

巽卦的放鬆之心，也是生命
的彈性，如風中的樹梢，在
生活的風中左右搖晃，代表
如沐春風的養生。象徵在亂
數般的命運中逆來順受，不
易折斷，在沉默中延展可變
的長度，容忍各種挑戰。心
用想像挑戰自己的彈性，用
無言的聆聽展現容量。像太
極拳的高手，展現鬆柔的極
限，綿密不斷的鬆勁。像禪
宗的大師，展現無名無形無
對錯的禪意。

精確的兌（110110）

她問我

人生如何精確

我輕答

精確的自然不同於

人心的精確

精確的心陷在

反復的自困（復，困）

精確的自然很隨意

但精確的心攻擊隨意（師，隨）

量子世界說

唯一的精確是

無常與模糊（無妄，蒙）

心用不停對談尋找精確（兌）

自然用或許（蒙）

用猜的1與0

陰或陽（剝，履）

統計的心模擬精確

用均值與誤差（謙，豫）

自然則說精確的每天

有不同的密度與尺寸（夬，節）

坦誠地對話吧

知心的朋友
這個世界沒有眞理
只有可以接受的
歸納與共識（比，歸妹）
沒有永恆的精確
只有暫時的不差

兌卦的精確之心，在觀察一個浪花時會得到靈感，沒有一個浪花會和其它的浪花一模一樣，尤其我們不斷放大去看，我們會發現浪花中還有浪花，不停地浪中有浪、花中有花。在數學上我們稱這種發現叫「碎形」，代表微觀世界求精確的行動沒有止境。理性的心喜歡精確，但是精確的尺度沒有止境，只好不斷地討論，好定出一個結論。類似的行動還有：經過共議的秩序，交替的表演，相聲或合唱的人生，並存著和諧與對抗。

擴散的渙（010011）

她問我

什麼是擴散

我輕答

疫情在人間擴散

福音在人心擴散

轉化的擴散是升華（漸，升）

悲傷的擴散是

從稀釋到消失（坎，剝）

而悲傷的誇大

是無中生有（坎，豐，夬）

擴散的還原是

用心擁抱自己（復，中孚）

慈悲在溫柔的心中擴散（謙，巽）

逍遙在矛盾的心中擴散（豫，訟）

詩意在模糊的心中擴散（比，蒙）

而觀想就是心的擴散

擴散也是心的觀想（師，觀）

心可以瞬間

擴散或群聚心意（渙其群）

化無化有

擴散的心尋找神的邊界

而神喜歡擴散的心

如詩
如畫 的易經：讓易經幫我們寫詩

渙卦的的擴散之心，像風雲在天空中流浪，用時空稀釋苦痛，越過身心
的界線與堤防，同時散播與傳染，形成圍著中心眼轉動的颶風，也是秒
秒蒸發中的水氣，用最鬆散的自由連結最巨大的群聚。

縮節的節（110010）

她問我

什麼是縮節

我輕答

一年的縮節是四季

樂曲的縮節是節拍

身體的縮節是關節

故事的縮節是章節

時間縮節後開始輪轉（頤）

音樂縮節後旋律悠揚（渙）

身體縮節後伸曲靈活（巽，賁）

故事縮節後起承轉合（升，既濟）

生命用節渡過難關（復，坎）

心用節盤旋歲月（師，屯）

謙卑用節約滿足眾生（謙，需）

節制的衝動可以和平（豫，兌）

用節的心

以短求長

以縮求伸

以樸求美

以折求全

所以縮節的至境是

天地同心（剝，中孚）

節卦的縮節之心，縮小自己來渡過困難，是用除法把完整的1分節的智慧，利用節的縮小與接續來增加動靜的靈活，以斷求曲，以節約來管理浪費，以簡約來創造生命更精緻的光熱。

同心的中孚（110011）

她問我

什麼是同心

我輕答

很多圓可以共有一個心

九個行星共有一個太陽（屯）

一個問題共有百種答案（蒙）

都是同心

同心還原渙散（復，渙）

同心後協力至（師，益）

同理心可以累積慈悲心（謙，小畜）

同心的友誼如左右手（有孚攣如）

無言卻可貫穿歲月（比，損）

同心的伴行一生輕快（豫，履）

同心於一無所有是得道

同心於一絲不掛是真誠（孚於剝）

同心於四季是自然（節）

同心於簡單是豐收（大壯，豚）

不要同心貪婪

那是封閉的牢（未濟，困）

要同心善良

一生無憾

　　中孚卦的同心之心，像左右手間的相信之道，心通之道，是演出與觀賞
（臨觀）的合體，兩顆心靈的超覺感應，每一對擁抱同心圓的雙方，在
富含思想與意義的宇宙中快樂連結，像懷有同樣的孩子的母親們。

糾纏的小過（001100）

她問我
什麼是糾纏
我輕答
時間的過去與未來
糾纏在當下（小過）
糾纏帶出細節
珍惜剎那
學習糾纏
戰力更持久（師，恆）
還原細節（復）
人生開始豐大（豐）
感受剎那（咸）
友誼更悠長（比，恆）
人神用糾纏相惜（無妄，家人）
萬物用糾纏簡化幸福（大有，損）
幸福是謙虛的谷
住著輕快的風（謙，豫）
也是輕快的風
纏著謙卑的草
河水糾纏巨石更溫柔（剝，旅）
雲海糾纏群山更嬌媚（蒙，鼎）

如詩
如畫 的易經：讓易經幫我們寫詩

歲月糾纏悲歡更神祕（明夷，震）

愛情糾纏離合更壯闊（離，頤）

糾纏的生意暗利多（大壯）

糾纏的學問收獲多（豚）

糾纏的戰鬥票房多（蠱，未濟）

糾纏的美味客人多

糾纏的蜜蜂會採蜜

糾纏的學生會進步

糾纏的客人會下手

糾纏的藝人會透紅

糾纏不難

若即若離

寧細勿粗

取近捨遠

不鬆不緊

小過卦的糾纏之心，活在細節之中，想像毛毛蟲的世界，總是在細節處慢慢前進，讓心可以停在過遇之間的剎那，是最慢的前進，最微小的超過，最詳細的了解，也是事物經過後的餘音，短暫的殘影，動靜間的折衝，在細節裡的糾纏。

如詩如畫 的易經：讓易經幫我們寫詩

調和的既濟（101010）

她問我

人生如何調和

我輕答

生命因調和而健全

人生因調和而幸福

不冷不熱是一杯溫水

更是一個天堂般的地球

調和的心來回於

慾求的滿與缺

太滿的胃會撐破

大缺的胃會飢餓

調和是智慧

要洞見進退的界限（復，蹇）

也是藝術

要畫心最美的景色（賁，觀）

也是勇氣

要與無窮慾望戰鬥（師，需）

也是善良

幫助孤苦救濟斷絕（益，艮）

是使命

啟動和平解放暴政（夬，解）

是信仰

跟隨自然知足常樂（隨，小過）

是願意

溫柔退讓簡約敦厚（巽，損）

調和要割捨極端

復歸中庸（大過，歸妹）

要摒除貪婪

自強不息（未濟，乾）

要謹慎繁忙

調節交通（泰，坎）

要可明可藏

合理交往（明夷，比）

調和不難

以冷調熱

中庸合宜

益缺損滿

不急不緩

如詩
如畫 的易經：讓易經幫我們寫詩

　　既濟卦的調和之心，像調酒師的日常，總是用適足的酒水調和客人的滿
足之道，利用萬物相生相克、陰陽調和、剛柔並濟的性情來尋找滿足
點，尋求對稱且平衡的完美，用互補長短優缺養生，追求剛剛好的人
生。

用缺的未濟（010101）

她問我
如何用缺
我輕答
大哉用缺
人性求滿尚圓
大道用缺守窮
圓滿只是矛盾心的假想（觀，訟，夬）
用缺則是另類的圓滿（睽，復）
是不圓滿的圓滿（否，泰）
無窮的圓滿（未濟，既濟）
人性討厭貧窮與缺乏
其實心用守窮感受無窮
用守缺修持無缺
如高僧的持戒
讓心無貪無瞋
圓滿喜樂
用缺是心的升華（升）
開始飛翔無窮未來（旅）
守窮是心的用損（損）
開始共鳴天地萬籟（震）
用缺

如詩
如畫 的易經：讓易經幫我們寫詩

可以滅名相（師，晉）
可以大乘蒼生
慈悲爲家（謙，家人）
可以悠遊蒙朧之美（豫，蒙）
化訟爭爲親盟（比，訟）
可以剝俗命而解萬痴（剝，解）
用缺不難
以簡代繁
微飢若飽
似懂非懂
好問好學

未濟卦的用缺之心，像老和尚的養生術，守戒的生活，抱殘守缺的訓練，擁抱不完美的未來，待續的結局，在不調和、不滿足的現實中修備滿足的心意。當世界充滿不互助的對抗，貪心的期待，衆生皆醉時，老和尚依然在未濟的缽聲中修習佛法的未濟。

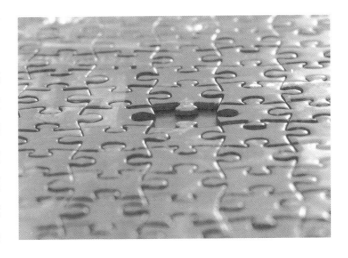

國家圖書館出版品預行編目資料

如詩如畫的易經：讓易經幫我們寫詩／趙世晃著. --
初版.--臺中市：白象文化事業有限公司，2023.1
　　面；　公分
ISBN 978-626-7189-93-1（平裝）

1.CST: 易經 2.CST: 注釋
121.12　　　　　　　　　　　　111018977

如詩如畫的易經：讓易經幫我們寫詩

作　　者　趙世晃
校　　對　趙世晃
發 行 人　張輝潭
出版發行　白象文化事業有限公司
　　　　　412台中市大里區科技路1號8樓之2（台中軟體園區）
　　　　　出版專線：（04）2496-5995　　傳真：（04）2496-9901
　　　　　401台中市東區和平街228巷44號（經銷部）
　　　　　購書專線：（04）2220-8589　　傳真：（04）2220-8505
專案主編　林榮威
出版編印　林榮威、陳逸儒、黃麗穎、水邊、陳婷婷、李婕
設計創意　張禮南、何佳諠
經紀企劃　張輝潭、徐錦淳、廖書湘
經銷推廣　李莉吟、莊博亞、劉育姍、林政泓
行銷宣傳　黃姿虹、沈若瑜
營運管理　林金郎、曾千熏
印　　刷　基盛印刷工場
初版一刷　2023年1月
定　　價　250元